Best Time

白马时光

烧脑的
布莱切利庄园

〔英〕辛克莱儿·麦凯 著　李晨曦 译

—••• •—•• • — —•—• •••• •—•• • —•——/•——• •— •—• —•— /—••• •—• •— •• —• — • •— ••• • •—• •••BLETCHLEY PARK BRAINTEASERS—••• —•——/••• •• —• —•—• •—•• •— •• •—•/—— —•—• —•— •— —•——by Sinclair McKay

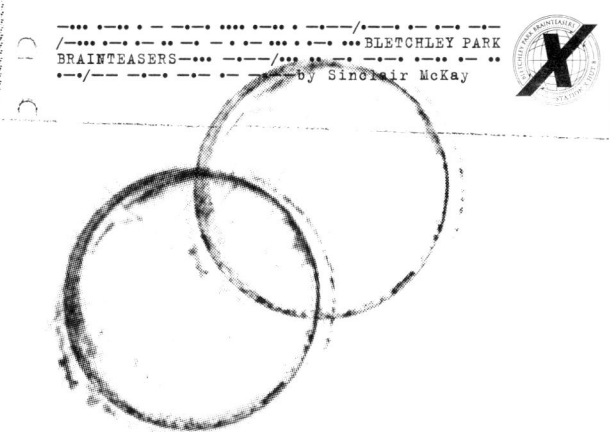

四川文艺出版社

图书在版编目（CIP）数据

烧脑的布莱切利庄园 / (英) 辛克莱儿·麦凯著 ; 李晨曦译. -- 成都 : 四川文艺出版社, 2022.10
ISBN 978-7-5411-6427-9

Ⅰ. ①烧… Ⅱ. ①辛… ②李… Ⅲ. ①智力游戏 Ⅳ. ①G898.2

中国版本图书馆 CIP 数据核字（2022）第 150509号

著作权合同登记号 图进字: 21-2022-304号

SHAONAO DE BULAIQIELI ZHUANGYUAN

烧脑的布莱切利庄园

〔英〕辛克莱儿·麦凯 著 李晨曦 译

出 品 人 张庆宁
总 策 划 李国靖
特约监制 何亚娟
特约策划 梁 霞 马春曦
营销编辑 高庆成
责任编辑 黄 舜 陈 纯
责任校对 段 敏
装帧设计 文 俊 | 1204设计工作室（北京）
出版发行 四川文艺出版社（成都市锦江区三色路 238 号）
网 址 www.scwys.com
电 话 021-64386496（发行部） 028-86361781（编辑部）
印 刷 天津融正印刷有限公司
成品尺寸 147mm×210mm
开 本 32 开
印 张 5.75
字 数 102千
版 次 2022 年 10 月第一版
印 次 2022 年 10 月第一次印刷
书 号 ISBN 978-7-5411-6427-9
定 价 168.00 元

利亚姆·贝尔金（Liam Bergin） 摄

辛克莱儿 · 麦凯

(Sinclair McKay)

社会历史学家、畅销书作家。他的著作《布莱切利庄园的秘密生活》（*Secret Life of Bletchley Park*）及《烧脑的布莱切利庄园》（*Bletchley Park Brainteasers*）已售出超40万册，其中《烧脑的布莱切利庄园》被《星期日泰晤士报》评为畅销佳作。他的大部分时光都在尘土飞扬的档案中度过，现居住在伦敦东部。

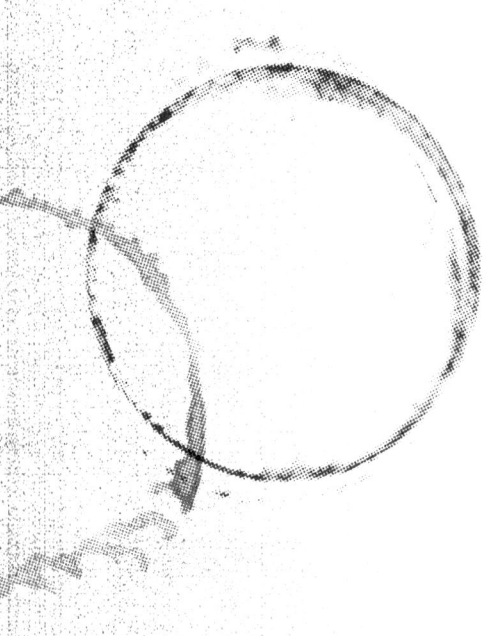

谨向布莱切利庄园基金会（Bletchley Park Trust）以及所有现今在布莱切利庄园（Bletchley Park）工作的人们表示敬意。庄园是我们这个时代最重要的标志性建筑之一，人们饱含深情地复原了它。不仅如此，密码破译者那震撼人心的成就也在这里薪火相传，在这一方面，他们所做的工作是如此卓越。

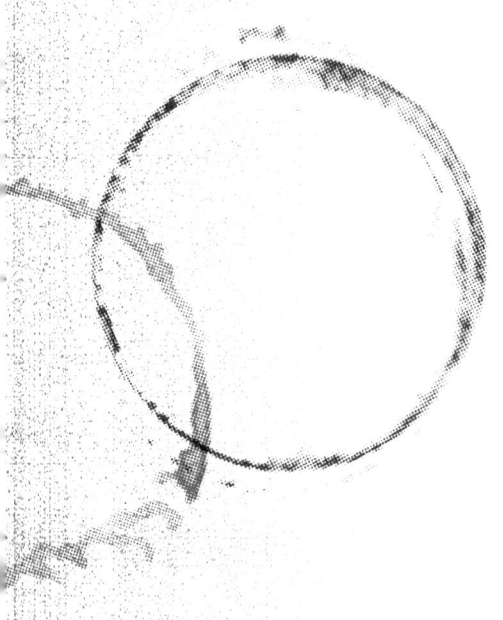

序言

在布莱切利庄园工作的人并不都是和数学家艾伦·图灵（Alan Turing）处在同一水平线上的天才。不过，每一位新成员都拥有一个熠熠生辉、勤学好问的头脑。

成千上万聪明绝顶的青年男女被征召进了战时密码破译中心，他们来自各行各业，而且身怀不同天赋。在这些人身上往往都有着一种特别引人注目的特质——他们都对那些谜题有着异乎常人的渴求与热爱。

这种渴求与热爱和一种天生的喜好有关。那是一种对复杂方程式和丰富的语言学知识的爱好。不管怎么说，如此之多的英才聚集在白金汉郡这个绝密的乡村庄园里，这让一些不明就里的布莱切利市民把这里当作了一所特殊的政府疯人院。

但是这里的人也不全是英才，而且他们也不都擅长数学和现代语言。这里还有一些其他东西。无论是出身普通还是门庭显赫，聚集在这里的人们都有着从不同角度审视一个问题的能力，更重要的是，他们都有着享受难题并从中获得乐趣的能力。

这些破译密码的男男女女们夜以继日地工作，努力去克服各种译码问题。这些问题可能会导致可怕的精神压力，甚至会让人崩溃。然而在下班之后，他们会去钻研更多谜题，以求缓解这种压力。这些才是真正令人震惊的事情。

本书的目的在于介绍各种类型的烧脑谜题。它们或是被用来招募密码破译者，或是被他们当作一种放松手段，把自己从一天的工作中解放出来。

可能是艰深晦涩的概率论，或是沉浸式的日语知识，或是对生动有趣的谜语的喜好，抑或是单纯地痴迷《泰晤士报》（*The Times*）和《每日电讯报》（*The Daily Telegraph*）上每天的填字游戏……无论他们的专长是什么，布莱切利庄园的密码破译者都是一个爱好谜题的国家[①]的绝妙象征。这种喜好弥漫在这个机构特有的思想体系之中。密码破译者们必须非常敏锐，因为他们在工作中要面对的挑战是终极的谜题，而这个

① 指英国。（若本书注释未特殊说明，均为译注。）

国家的命运正有赖于此。

1939年9月，在对德国宣战之后，英国开始实行灯火管制。位于布莱切利的政府代码暨密码学校（Government Code and Cypher School）便立刻开始寻找那些最聪明、最优秀的人才。这个密码破译部门原先位于伦敦的圣詹姆斯公园，现在搬迁到了这个位于牛津和剑桥之间的乡村庄园里。

早在1938年，布莱切利的长官们就已经对各个大学进行了一次系统性的筛查，此后，他们还会把这张“网”撒得更广。一开始，他们把目光放在了数学系年轻的本科生身上。他们之所以需要这些学生，是因为他们知道要对抗那台名为“恩尼格玛”（Enigma）的德国加密机器，这些学生是不可或缺的。“恩尼格玛”是在第一次世界大战结束时被发明出来的，而且所有人都知道纳粹正在使用它。这是一台理论上能够产生1.59×10^{20}种字母组合的电子密码机器。

不过，密码破译既是一门科学，同时也是一门艺术，而且它的历史可以追溯到数年、数十年，甚至数百年之前。在布莱切利庄园周边的土地上，一座座通风良好的小木屋被搭建起来，它们将会作为所有绝密的解密活动场所。随着这些小木屋的搭建，那些招聘人员也变得越发谨慎起来。

他们不仅在寻找数学家，而且开始寻找具有非凡语言能力的天才少年。会说一口流利的德语自然是一种巨大的优势。事实上，随着战事的发展，能够在短短几周时间里熟练掌握日语的候选者也是必不可少的。因此，长官们再一次派出他们的“侦察兵”来到大学校园，进行谨慎而周密的调查。

不过，仅仅依靠大学并不能提供所有的新生力量。智慧的形态多种多样，不一定非得是学位帽和黑色长袍[①]。在战争爆发前，布莱切利庄园的长官们也曾在贵族圈子里发布了消息。因为在20世纪30年代，出身高贵的年轻女性常常被送到德国和瑞士完成学业，在那里，她们可以轻松地学会欧洲大陆上的语言。

“撒网”的范围还远不止这些。为了运转未来的技术，这个幽暗神秘的世界迎来了成千上万年轻聪慧的女性新成员。她们是皇家海军女子服务队（Women's Royal Naval Service）、空军女子后备队（Women's Auxiliary Air Force）和本土防卫后备队（Auxiliary Territorial Service）的志愿者。这些“鹪鹩”[②]（Wrens）来自全国各地，有着不同的教育背景。通过申请表上一个看似无关紧要的问题，她们被挑选了出来。这个问题询问候选者是否喜欢隐喻字谜[③]（cryptic crossword），或

① 此处指代大学毕业生。

② 英国口语中对皇家海军女子服务队队员的昵称。

③ 在英联邦国家流行的、线索本身就是一个谜题的填字游戏。

者类似形式的精神消遣。

如果候选者对这个问题的回答是肯定的，那么接下来会有几场谨慎的智力测试。在那之后，这些年轻女性中最聪明的那批人会发现她们得到了一张前往一个秘密目的地的火车票。密码破译的工作至关重要，她们发誓要在余生之中对其中的细节守口如瓶，然而这项工作即将耗尽她们的精力。后来，她们成了接线技术的专家。在一开始，甚至连英国最亲密的盟友对这种技术的运作方式都一无所知，其保密程度之高可见一斑。

一直以来，布莱切利庄园的招聘人员也精心挑选了一些其他类型的天才。各类诗人被拉进了密码破译工作之中。对语言无限可能性的亲切感和洞察力再一次成为一种诱人的特质。然后是音乐家们。会聚在此的年轻男女中，有很大一部分人都有着令人惊叹的音乐天赋，这也是布莱切利庄园故事中最为人津津乐道的一个方面。在布莱切利庄园及其周边举办过无数场音乐会。在这群密码破译者中，有天才的钢琴家、小提琴家、女高音歌手和男高音歌手，有作曲家和指挥家，有在战后继续他们卓越事业的艺术家。音乐韵律和结构中的某些东西显然与密码破译的学问息息相关。

况且，密码破译是一门与文明本身一样古老的学问。在两次世界大战之间，布莱切利庄园从事解密工作的先驱们也都来自不同领域。一些人是研究古代象形文字的专家，这些象形文字来自陵墓和斑驳不堪的莎草纸残片。通过破解各式各样的密码，他们能再现早已死去的语言和早已失传的故事。这其中就有法老们使用过的符号，以及在泥板文书（clay tablets）上发现的已经绝迹的语言。这些泥板文书被埋藏在波斯的茫茫大漠之中。如果一个人能从一系列神秘符号中召唤一种消失的文明，那么他同样能够重现德国军官在战场上发送的加密信息。

最后值得一提的是，在布莱切利庄园天才的横向思考者[①]之中，国际象棋的冠军们也有着一席之地。这群年轻人是直接通过国际象棋的秘密情报网络招募来的。要想在国际象棋上出类拔萃，就必须掌握一种能力，也就是在自己的脑海中记住上百种抽象的可能性的同时，还能预测对手的意图并努力比对手想得更远。因此，这一能力带来的结果就是，国际象棋的棋手非常适合成为卓越的密码破译者。这不仅适用于布莱切利庄园的天才小子们，也适用于他们在俄罗斯腹地的同行们。

布莱切利庄园洋溢着年轻的智慧和艺术的活力，因此有那么多在布莱切利庄园工作的人将其视为一所大学，这是很明显的事。对每一位不善交际的数学家，那里都有一位古灵精怪而又自信满满的名媛做伴；对每一位温文尔雅、能用古希腊语

① 指能打破逻辑局限进行更宽广思维拓展的人。

与人交谈的古典学家，那里都有一位热爱摇摆音乐、会用极端棘手的填字游戏来打发时间的“鹪鹩”相陪。他们会兴致勃勃地解答各种类型的谜题，而这些谜题在本书中都能找到。实际上，他们有的就是被这里呈现的各种类型的问题招募来的。

在布莱切利庄园的长官用来网罗天才们的“捕虫网”中，填字游戏是最著名的一个。因此，理所当然，我们一定不会错过填字游戏。

从横向思维测试到涉及虚构的神秘语言的难题，书中还有许多其他难解之谜。我们汇集了各种各样的谜题，这样人们就可以弄懂自己可能是何种类型的密码破译者。书中还有一些例子，它们是面向秘密侦听特工的各种测试，也就是莫尔斯电码（Morse code）的问题。在这些测试中，准确性上最轻微的疏失都可能意味着生与死的区别。

总而言之，这里介绍了各种各样的难题。它们有的来自档案文件，有的则直接受到布莱切利庄园天才们面临的考验与挑战的启发。这些谜题不仅意在成为有趣的难解之谜，它们还表明，从古埃及的象征主义到超现实主义的刘易斯·卡罗尔式（Lewis Carroll-style）的逻辑难题（这涉及上下颠倒地看待这个世界），那些年轻男女的大脑都能够在其中快乐地翻转腾挪。正是在他们的帮助下，第二次世界大战的时间缩短了两年左右。

密码破译者们喜爱诸如此类的练习，希望读者也会发现它们是讨人喜欢，并且让人欲罢不能的。

目 录

-··· ·-·· · - -·-· ···· ·-·· · -·--/
·--· ·- ·-· -·-/-··· ·-· ·- ·· -· - · ·- ··· · ·-· ···
-··· -·--/
··· ·· -· -·-· ·-·· ·- ·· ·-·/-- -·-· -·- ·- -·--

Chapter 1

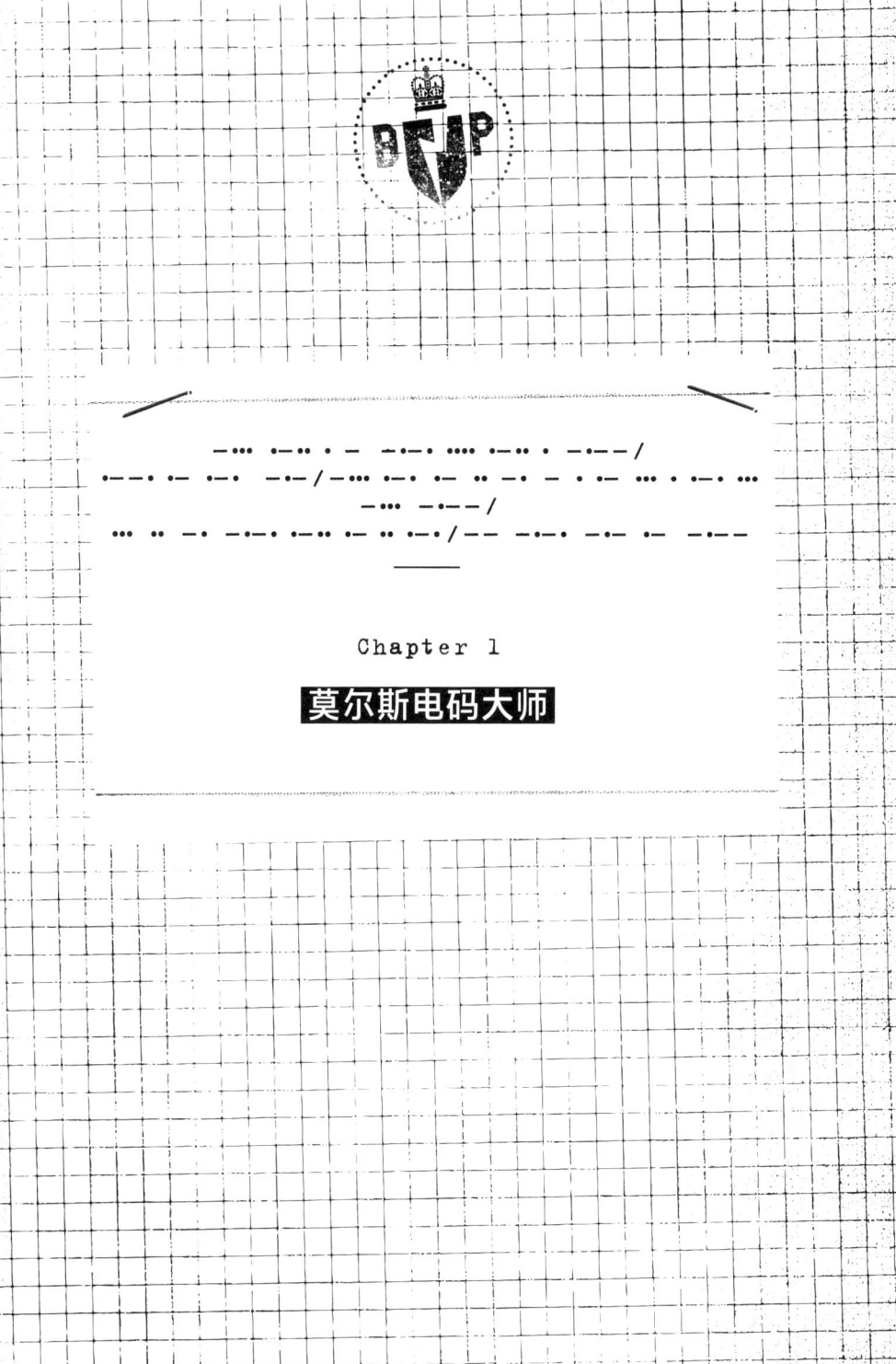

莫尔斯电码大师

准确快速地翻译莫尔斯电码是一项很难学会的技能，这项技能需要年轻、热情并且灵活的头脑。要看到和听到那些以难以置信的速度快速传播的“圆点”和“横线”，并且立即想象出它们所代表的字母表中的字母，这些都需要强烈的奉献精神和专注力。

几十年来，他们一直是布莱切利庄园被遗忘的秘密特工。从康沃尔郡到开罗，再到科伦坡，在形形色色的地理环境中，数以千计的年轻男女坐在木制的（或竹子制的）小屋里，夜以继日地侦听所有敌方的无线电信息，这些信息都是用莫尔斯电码发送的。这一非凡的全球性行动把宝贵的资料送回给密码破译者，因为对它们进行分析能够让密码破译者深入了解战场上的计划和战略。

这类谜题意在展现这些年轻人在招聘和训练过程中曾经面对过的折磨人的测试。同时，也在某种程度上展现了秘密监听者这个依然默默无闻的角色的独特韧性。这是对这些秘密监听者敏捷思维的一次窥探。

在这些专心致志的特工中，有一些人会监听那些飞过英吉利海峡的飞行员，另一些则会仔细地监视发往地中海周边区域的通信。这些信息就是被日夜不停地发送给密码分析师以及分布在全国各地的所有布莱切利庄园分站，用于破译的原始信息。

这些新成员是为“Y勤务”（Y Service，“二战”时英国三军通信侦听组织）工作的，这个“Y”代表的是“无线电”。跟他们在布莱切利庄园破译密码的同事一样，这些人也都签署了“官方保密协议”（Official Secrets Act）；跟那些同事们一样，他们也明白泄露这些秘密所面临的惩罚就是死亡。他们的任务和在布莱切利庄园小屋中进行的一样，都会给人的精神带来巨大痛苦和压力。他们的大部分任务都围绕着莫尔斯电码，也就是那些用来发送无线电信息的“点—点—线”的代码。简而言之，他们坐在无线电装置前追踪敌人的信号发射，然后转录和翻译从他们耳机中倾泻而出的莫尔斯电码，而这都要求他们有着万无一失的准确性和超乎寻常的速度。

准确快速地翻译莫尔斯电码是一项很难学会的技能，这项技能需要年轻、热情并且灵活的头脑。要看到和听到那些以难以置信的速度快速传播的“圆点”和“横线”，并且立即想象出它们所代表的字母表中的字母，这些都需要强烈的奉献精神和专注力。

跟他们在布莱切利庄园的同事一样，“Y勤务”的男女工作人员在抵达工作岗位之后，他们在能力测试中的智力水平会被记录下来。帕特·辛克莱儿（Pat Sinclair）是一位来自伦敦北城的年轻人。1941年，在她居住的城郊山区的高地上，她目睹了闪电战的恐怖景象。这使得她下定决心要报名参军，为国家尽到自己的一份力量。

在当地电力局工作的时候，帕特曾在一位无线电爱好者朋友的帮助下自学了莫尔斯电码。她的目标是加入“鹪鹩”的行列，其首要原因是这类情报工作所蕴含的潜力吸引住了她；其次是因为她觉得这是最富魅力的一项工作。

她的策略奏效了。她告诉招聘人员，她可以用莫尔斯电码在1分钟之内处理5个单词，于是她被及时地安排到一个位于米尔山郊区的营地，去参加一个无线电报的课程。她很快就发现这项工作的强度足以造成人员伤亡。

鲍勃·罗伯茨（Bob Roberts）也注意到了这一点。他是一位来自伊斯灵顿的年轻的伦敦小伙子。出于对无线电技术的热爱与痴迷，他被密码工作的这个分支吸引住了。他被送到斯凯格内斯接受训练；和帕特·辛克莱儿一样，他很快就发现了这项工作到底需要什么。这些“Y勤务”的天才小子们很快就会证明自己对布莱切利庄园的运作是多么不可或缺。他们被要求每分钟内从莫尔斯电码中识别出20~30个单词。这是一个惊人的要求，需要超人般的思考速度和反应速度。

显然，这不是每个人都能做到的。鲍伯·罗伯茨还记得，即使是在训练的早期阶段，训练的压力对于一些新成员来说还是太大了。有些人难以承受重压，出现了轻微的精神崩溃，最终被迫退出训练。比训练更加困难的是，这项工作需要完全精确的知识；如果做不到这点，那么战场上就会出现伤亡。

更多的压力接踵而至。从苏格兰威克镇的荒野到多佛尔白色悬崖附近的小屋，这些电台遍布英国各地。一些新成员将会驻扎在这些电台旁，与此同时，许多其他的青年男女却发现自己正在登船前往未知的目的地。

一些“鹪鹩”发现她们被派往了埃及，因为布莱切利庄园在开罗有一个密码破译的前哨基地。她们工作的地方被鲜艳的色彩、醉人的气味和无处不在的沙子环绕。其他人则被派遣到更遥远的地方，比如锡兰[①]的科伦坡。在那里，她们会发现自己要在装有吊扇的小屋里侦听日本人的密码信息，并时常遭到蛇和虫子的侵扰。

---

① 今天的斯里兰卡。

在男性成员当中，鲍勃·罗伯茨被派驻到埃及的亚历山大城，那里热浪袭人、飞蝇扑面，刺眼的阳光照射在白色的沙丘上——他面对的是一个全新的世界。他整夜都在秘密侦听敌人的信息。有时候，沙漠里会出现雷暴，如果你不能迅速摘下耳机，那么在雷电击中导线的瞬间，就可能产生永久性的听力问题。

然后是彼得·巴德（Peter Budd），一位来自布里斯托尔的少年。他发现自己正身处世界的另一边，那是一个尚未遭到破坏的世外桃源。因为他是一个驻扎在印度洋深处科科斯群岛上的秘密监听者。他和他的同事们非常幸运地发现，群岛上到处是翠绿色的树叶和淡蓝色的水体，岛上水果、啤酒和留声机唱片的供应也很充足，这些抵消了监视日本舰船和飞机的工作所带来的紧张和压力。

所有这些男人和女人之间的关联因素就是，他们的大脑都具有惊人的灵活性。他们不仅热衷谜题，而且拥有高效工作的能力。他们不仅能即时翻译莫尔斯电码，而且能处理各式各样可能会造成混乱的干扰，比如模糊的频率或互相干扰的声音。

年龄是一个关键因素，这一点也逐渐变得清晰起来。年龄超过30岁的秘密监听者往往会发现这项工作更为棘手。事实上，这种压力曾导致一些人被带走进行治疗。

安妮·格林-琼斯（Anne Glyn-Jones）是一名1942年在德文郡乡村接受训练的“鹪鹩”。经过一段时间之后，她才知道自己之所以要接受如此强度的莫尔斯电码训练的奥秘所在。不过，她很快就发现自己被派驻到了直布罗陀。那里是战争期间一个特别的热点地区，同时也是一个至关重要的布莱切利——“Y勤务”的分站。她写道：“我们每天都在嘀嗒嘀嗒地发送电报。把莫尔斯电码具象化成一系列圆点和横线的想法很快就从我们的脑海中消失了；速度取决于我们把听到的和写下来的内容丝毫不差地、自动地关联起来的能力。”

“耳朵和手之间的联系已经变得如此自动化，以至于我们不再使用我们头脑中有意识的那部分。”她补充道，“我还记得有那么一个瞬间，我感到十分恐慌，因为我完全不记得‘嘀—嗒’这个符号[①]所代表的意思。就在我非常努力地想要回忆的时候，我的手对电码的刺激做出了反应。我饶有兴致地看着它准确无误地写下了字母‘A’。”

现在，莫尔斯电码几乎已经销声匿迹了，数字化时代的到来扼杀了它。话虽如此，仍然有水手和飞行员明智地把学习莫尔斯电码作为一种预防措施，以防万一电脑出现大面积崩溃。总的来说，现在我们已经很难去想象秘密监听者的技巧是多么

① 指莫尔斯电码中代表A的“•-”。

熟练。他们不仅精通一种在外行看来仅仅是一连串的“嘟嘟”声的语言，而且逐渐开始了解许多发送信息的敌方莫尔斯电码操作员，不过是通过一种奇特的方式。

这些秘密监听者开始留意那些被他们叫作“指示符号”的东西，也就是发送信息的人的操作方式。很多人都说，他们因此莫名其妙地开始对对手的性格有了一点了解。

雷・福赛特（Ray Fawcett）就是这样一位秘密监听者。他回忆道，在侦听者和发送信息的人之间近乎存在一种奇特的亲密感。那些德国人知道有人在收集他们的通信，反过来，他们当然也在收集英国人的信息。

更为直接的例子是，有“鹪鹩”参与了英格兰南部海岸的侦听活动。她们被安置在小小的木制小屋里，一边监听着纳粹德国空军飞行员之间的通信，一边暴露在德国战斗机的火力之下。

这些飞行员知道有年轻的女士正在监听着他们，有时候，他们会用英语大声说一些滑稽的、带有挑逗意味的话语来让“鹪鹩”们知道。后来，一些“鹪鹩”的退伍老兵说道，她们开始感到有点喜欢上了这些年轻的德国男人，而且每当他们被防御一方的英国飞行员从空中击落的时候，她们总会感到莫名地受挫。

这一切的核心在于一个事实，那就是“Y勤务”的特工们具有一定程度的精神敏感性，而他们也为此感到骄傲。帕特·辛克莱儿回忆道，对于她来说，学习这种新的专业技能有点像速记，只是新技能要复杂得多，而且一旦出现任何错误，其造成的后果也要严重得多。她驻扎在皇家海军福莱沃顿号（HMS Flowerdown）上的尼森（Nissen）小屋里，那里靠近汉普郡的温彻斯特。她在当值的时候一直精疲力竭地工作到深夜，主管们拿走了所有那些被她转录在专用纸张上的莫尔斯电码，然后把它们送到布莱切利庄园加以解密。

对这些彼此相似的男男女女来说，他们对无线电传输的科学也同样抱有好奇心。无线电传输科学是指信号在电离层中反射的方式，人们可以通过这种方式把侦听活动聚焦在许多英里之外的敌人身上。因此，这些特工或许要比布莱切利庄园的一些研究人员稍微多上一点务实的头脑；他们可以毫不犹豫地拆卸并重新组装一个复杂的无线电装置；他们所接受的训练也是关于培养一定程度的精神韧性的；他们所面临的考验几乎把他们的人脑变成了电脑。

显然，时间因素也是至关重要的。在战火中，当命令和信息以闪电般的速度往来传递之时，这些秘密侦听者必须以一种几乎超自然的程度去集中注意力。想象一下那种压力：当一个人驻扎在闷热的丛林深处，或者像鲍勃·罗伯茨在他后来的一份记录中所描述的那样，在寂静的深夜里身处意大利南部高山上的小屋，突然，那里被一群饥饿的山地犬包围。

与这一部分内容相关的谜题，在某种程度上是为了向这些被忽视的监听者表示敬意。一系列的莫尔斯电码信息中带有关键性内容，但附带的条件是它们必须被翻译和解码，而时间限制则越来越紧迫。尽管这些谜题显然不可能重现秘密特工在工作时所承受的巨大压力，但它们可能会让我们对他们所面临的挑战有所了解。

对于其中一些谜题，你需要首先了解下面的莫尔斯电码符号对照表，我们为此制作了精美的明信片，便于你在解题时使用。

莫尔斯电码符号对照表

字母表

A •-	G --•	M --	S •••	Y -•--
B -•••	H ••••	N -•	T -	Z --••
C -•-•	I ••	O ---	U ••-	
D -••	J •---	P •--•	V •••-	
E •	K -•-	Q --•-	W •--	
F ••-•	L •-••	R •-•	X -••-	

数字

1 •----	3 •••--	5 •••••	7 --•••	9 ----•
2 ••---	4 ••••-	6 -••••	8 ---••	0 -----

—··· ·—·· · — —·—· ···· ·—·· · —·——/
·——· ·— ·—· —·—/—··· ·—· ·— ·· —· — · ·— ··· · ·—· ···
—··· —·——/
··· ·· —· —·—· ·—·· ·— ·· ·—·/—— —·—· —·— ·— —·——

Chapter 2

“恩尼格玛”连接

一种更有效的扰乱信息的方式便是使用多个不同的字母组合，而不是只使用一个。这些字母都可以被整齐地放置在一个正方形内，每一组字母在每一行里都会逐次移动一个位置。

乍看之下，“恩尼格玛”密码机（Enigma Machine，一种用黄铜和胶木制成的、令人欲罢不能的神奇机器）似乎是专门用来吸引解谜爱好者的：它的外表看上去十分美观，又会给人一种简单的错觉，令人跃跃欲试，但对布莱切利庄园的雇员来说，一旦领会到这台机器的骇人能力后，之前的错觉便会烟消云散。

作为一台革命性的机器，“恩尼格玛”密码机的工作原理实际上已沿用数世纪之久。虽然在技术上愈加复杂，但这台机器的本质仍然是用一个字母去替换另一个字母。本章节涉及的加密谜题都旨在反映布莱切利庄园的密码破译者们必须遵守的原则——“耐心”。这一原则在破译工作面临着陷入混沌旋涡般的境况时尤为重要。

“恩尼格玛”是2000多年来人类精妙智谋的巅峰之作。密码的历史同帝国以及文字一样悠久。在罗马时代，“恺撒变换”（Caesar Shift）—— 一种以恺撒大帝命名的编码技术——能让将军们用一种互换（字母位置）的方式进行通信：每个字母都用事先商定好的方案加密，如把A变为D、B变为E、C变为F——即每个字母均用其后的第三位字母替换。

随着时间的推移，加密方式自然也变得越发复杂。举例来说，在英国的都铎王朝时代，国王亨利八世的大臣托马斯·莫尔（Thomas More）就曾在他与红衣主教沃尔西（Cardinal Wolsey）的往来信件中使用了多种复杂的密码；几十年后，天主教势力的密码被截获，女王伊丽莎白一世的敌人苏格兰女王玛丽一世随之垮台。

据说，伊丽莎白一世时代的间谍大师弗朗西斯·沃尔辛厄姆爵士（Sir Francis Walsingham）热衷一种叫作“格栅”的密码。这项技术十分实用：即使从事秘密任务的特工被抓获，他们携带的机密文件粗看上去也只会是许多行排列极为随意的字母，令人摸不着头脑，而不会泄露任何有用的单词、短语或语句。

密件只能由它的接收者解码，使用的是一种被称为“格栅”的工具：一截表面被打上8~12个孔洞的空白羊皮纸，孔洞本身也没有明显的规律可循。

当“格栅”被放在加密的文件上时，羊皮纸上的孔洞便会揭示出隐藏在它下面的每一个特别的字母。通常这些字母会拼成一个单独的词语或某个重要的名字。

这套系统有明显的局限性——它依赖通信双方均在事先共知的信息。尽管如此，“格栅”密码仍不失为一种简单快捷的加密通信方式（例如，给可靠的特工传达下一步行动的指示），因而广受欢迎。

在别处，特别是欧洲大陆，中世纪晚期的宗教战争正越演越烈，那里急需更加复杂的密码。在16世纪的法兰西，“维吉尼亚方块”（Vigenère Square）——一种26×26见方的表格，每个空格都填上了字母表中的字母；这些字母的位置在每一行都会移动一次，被国王和商人们用作谨慎传递他们机密事务的方式。

这个精巧的新系统是以外交官布莱斯·德·维吉尼亚（Blaise de Vigenère）的名字命名的，它的工作原理至少是十分简单的。尽管该系统进行字母替换（比如把A变成C或其他）的速度惊人，但要破解它也并非难事。仔细去检查一条加密信息中字母出现的频率并不会花费太多力气：假如K在密码中出现的次数不成比例，那么任何一个破译密码的人都可能把K理解成常用字母E或A的替代品。

因此，一种更有效的扰乱信息的方式便是使用多个不同的字母组合，而不是只使用一个。这些字母都可以被整齐地放置在一个正方形内，每一组字母在每一行里都会逐次移动一个位置。

假如需要加密的信息是“解开这个谜题”（SOLVE THIS PUZZLE），那么你就需要选一个关键词，比如说“恩尼格玛”（ENIGMA）。因此，要将“解出这个谜题”（SOLVE THIS PUZZLE）这句话转换成密码，你就要在这些字母下面反复写出“恩尼格玛”（ENIGMA），如下所示：

解出这个谜题（SOLVE THIS PUZZLE）

恩尼格玛恩尼格玛恩尼（ENIGMAENIGMAENI）

当完成这一步之后，你就要回头找出你的“维吉尼亚方块”字母表。信息的第一个字母要和关键词的第一个字母相匹配，因此你要沿着第一行找到S，并向下查找竖列，直到找到E。位于交叉点上的字母便是你要找的密码字母。短语中的所有其他字母也都要按这一步骤重复加密。在没有关键字去解锁的情况下，最终生成的一系列字母将是完全无法理解的。

在描述这个过程的时候，它听上去十分复杂，但实际上这是一个迅捷的过程，而且容易上手。这个系统的另一个优点是它那纯粹的、令人愉悦的优雅：它就是一卷牛皮纸上一个简单的字母方块。实际上，这个系统被认为是如此有效，以至于在300余年的时间里，许多人都认为它是不可破解的。据说到了19世纪中叶，在伦敦工作的伟大思想家（和计算机哲学先驱）查尔斯·巴贝奇（Charles Babbage）被认为曾找到了一种破译这种密码的方法。他的这种方法无须知道用来“锁住”密码的关键词是什么。

到了19世纪50年代中期，随着英国在世界各地夺取了越来越多的殖民地领土，查尔斯·惠斯通（Charles Wheatstone）设计出了一套层次更多的密码系统。这套系统非常有效，直到第二次世界大战初期，英国人和德国人都还在使用它。这套密码系统以“普莱费尔”（Playfair）或“普莱费尔密码”之名而为世人所知，因为普莱费尔勋爵曾经不遗余力地推广它。

“普莱费尔密码”的吸引力在于它表现出的易用性。它是由另外一种写满了字母的方块组成的，但是要远远少于你能在“维吉尼亚方块”中看到的那一大堆字母。不同之处在于，被替换掉的不再是单个字母，而是成对的字母。这样做的原因在于，即使在复杂的密码中，详尽的频率分析——寻找那些“E”和“A”——也终会破解出密码。

在“普莱费尔密码”中，成对的字母意味着数学上的可靠性倍增了许多。可以想象的是，一整个部门的密码破译者要花上几个月时间，竭尽全力地去尝试各种不同的组合，才能找到密钥。

至少，在19世纪，令人敬畏的普莱费尔勋爵推广它时，他可能就是这么想的。当这项技术传播开来之后，纳粹开始在战场上使用它来传递低级别信息（“普莱费尔密码”不需要机器，只用铅笔和带有关键词的纸张就可以设置它，这就意味着它十分适合在战场上进行短距离的、快速的即时通信），而布莱切利庄园的神童们早就找到了破解它的方法。

尽管他们把大部分时间都花在了研究“恩尼格玛”以及后来出现的电子变体上，但破译“普莱费尔”也是一件值得骄傲的事情。在20世纪40年代早期，一群年轻人被从现役部队抽调出来，把他们的聪明才智投入到密码工作当中，杰里·罗伯茨上尉（Captain Jerry Roberts）便是这群人中的一员。从对“普莱费尔”的研究开始，他触及了现代密码系统更深层次的复杂性。

罗伊·詹金斯（Roy Jenkins）是另外一名被从部队抽调

来的年轻的新成员，他发现研究“普莱费尔”根本就是一项艰巨的任务。后来，他在20世纪60年代哈罗德·威尔逊（Harold Wilson）的政府中担任内政大臣，内阁的工作对他的脑细胞来说要轻松友好得多。

但这就是问题所在：这里提到的所有密码编译技术都不属于机械化时代。无论这些密码设计得多么巧妙，也不管用数学方法破解它们是多么困难，它们总归还是按照人类的手法设计出来的。它们由人类的思维设计，也终会被人类亲手解开。

这种情况一直持续到了第一次世界大战。然而，紧接着便出现了一场全新的革命。它也许可以被称为“工业化密码革命”。

在第一次世界大战之后，一位名叫亚瑟·谢尔比乌斯（Arthur Scherbius）的德国商人在魏玛共和国动荡的浪潮中艰难前行。那时的魏玛共和国正经受着第一次世界大战后的创伤和经济上的灾难。如何才能完全确保商业机密的安全？谢尔比乌斯一直在冥思苦想这个问题。

一直以来，人工制造的密码的问题就在于，它们被人类的聪明才智破解出来只是一个时间上的问题。

电力的出现，准确地说是打字机的问世，为密码设计开创了新的可能。这促使谢尔比乌斯在不久之后的打字机型号上开发了他的第一台加密机器。在键盘上敲击一个字母，便会转动一个电胶木转子，转而会在上方的灯板上点亮一个对应的加密字母。

其上一共设有3个转子，每个转子上都有26个字母。想要生成一个密码，就要先把这3个转子按照事先设定好的位置安装到机器内部的卡槽里。一旦机器生成了被加密的字母，信息就可以通过莫尔斯电码或电报的方式发送出去。

在另一端，操作员机器里的转子会设置在完全相同的位置。他会在键盘上输入已经加密的字母，这之后，上面灯板上亮起来的就是已经解密了的字母，这样信息就可以被拼凑起来。

当谢尔比乌斯为他称之为“恩尼格玛”的机器申请专利时，他最初的想法是应该以银行和保险公司为目标来推广它。在第一次世界大战之后，它并没有被德国人用于军事用途。

但是到了1926年，这一情况发生了变化。德国海军开始重视这项技术，此时，它已经迭代了好几次。英国军方也对它进行了研究，但是否决了它。不过德国海军却采纳了这一技术。

在随后数年中，由于受到了刚刚取得胜利的纳粹党（Nazi

Party）的青睐，这项技术在所有德国军种中得到了推广应用。

墨索里尼（Mussolini）的意大利法西斯党徒们也获得了他们自己版本的“恩尼格玛”。这种吸引力是显而易见的。它是一种极其轻便的密码生成机器，可以被装在便携盒子里。无论是在狂沙肆虐的沙漠，还是在潜航于漆黑大洋深处的潜水艇，它都可以使用。

这是一台能够生成1.59×10^{20}种不同密码的机器。它的使用者从来没有设想过，仅凭人类的大脑就能够找到破解它的手段。有什么样的人能够比得上这个电子奇迹呢?

好吧，被亲切地叫作“迪利”的阿尔弗雷德·迪尔温·诺克斯（Alfred Dillwyn Knox）就是这样一个人。第一次世界大战期间，他是英国海军部（The Admiralty）密码破译部门“40号房间”（Room 40）的中流砥柱。在整个20世纪二三十年代，他一直待在后来成为政府代码暨密码学校的地方。他对“恩尼格玛”所带来的棘手挑战产生了浓厚兴趣。他深知德国军方在获得“恩尼格玛”之后一定会加以改进，以进一步强化其安全性。

作为一位受过专业训练并精通古拉丁语和希腊语的古典学家，诺克斯的头脑能够同时在多个维度上工作。而且他相信，尽管其电子结构十分复杂，但“恩尼格玛”在逻辑结构上一定存在某种微小的瑕疵，从而能够让密码破译人员乘虚而入。

诺克斯并不孤单。在20世纪30年代的波兰［此时正被痛苦地夹在日益崛起的纳粹和俄罗斯的“钢铁之人”斯大林（Stalin）之间］，三位杰出数学家在马里安·雷耶夫斯基（Marian Rejewski）的带领下，也在认真思索着如迷宫一般复杂的“恩尼格玛”。

在20世纪30年代末，他们首先设计出来一种方法，为破解这个装置的内部工作方式投下了一缕微光。其中一种方法以数学家亨里克·佐加尔斯基（Henryk Zygalski）的名字命名。“佐加尔斯基纸板”类似巨大的穿孔卡片，上面有着按一定策略布置的孔洞。这是一种令人印象深刻并且难以理解的想法，它需要让明亮的光线穿过连续不断的纸板（这些纸板上带有不间断的、可能和“恩尼格玛”的设置相匹配的字母组合），直到光线只通过其中一个孔洞照射出来。

另一种方法是用电子设备去对抗电子设备。这涉及一种被他们称为“炸弹机”（bomba machine）的发明。它不是因炸药而得名，而是以一种叫“炸弹”的冰激凌甜点命名。这台笨重的机器包括上面有字母的旋转滚筒。如果给出了特定的字母组合，相比人类，这台机器能吃透更多排列方式。

在1939年7月，就在希特勒的军队野蛮地攻破波兰的前几个星期，这些数学家会见了迪利·诺克斯和布莱切利庄园的其他几名关键人物，见面地点就在华沙郊外一处阴暗的密林里。他们把这无价的知识接力棒传递了下去。

回到布莱切利庄园之后，波兰人的方法得到了改进与发展。艾伦·图灵、戈尔登·威尔奇曼（Gordon Welchman）和工程师哈罗德·基恩（Harold Keen）一起继续研究佐加尔斯基使用打孔卡片纸的那种方法，这种方法堪称匠心独具。

艾伦·图灵刚来布莱切利时年仅27岁。从1938年开始，他的名字便一直在庄园的名单上。凭借那篇革命性的论文《论可计算数》（*On Computable Numbers*），那时的他已经在剑桥大学和普林斯顿大学为自己赢得了学术上的声誉。时年33岁的戈尔登·威尔奇曼在更早时就被庄园纳入麾下。威尔奇曼曾在剑桥大学担任数学讲师，他的个人风格异常时髦，就像时尚偶像一样。他很快就成为布莱切利庄园的组织天才，并整理出了每个破译部门各自的工作重点。

与基恩一起，图灵和威尔奇曼创造了一个被他们称为“炸弹机”的机械奇迹。它足有一个衣柜那么大，里面装满了旋转的滚筒。这台机器可以吃透17,576种可能的密码组合，所用时间只有人类的几分之一。

随着战争的进行，数百台这样的机器被制造出来。之后紧接着出现的便是“巨像”（Colossus Machine）。从本质上说，它是世界上第一台电子计算机。这是一项将会塑造未来的技术，而它需要思维快如闪电的操作者。

在战争初期，布莱切利庄园招募了一批年轻的本科生。显而易见的是，他们从没有听说过，也未曾见过“恩尼格玛”。庄园里只有一台缴获的机器。基思·巴特伊（Keith Batey）仍记得20岁那年，当他来到破解德国陆军和空军密码的“6号小屋”时，他获得了一份简明扼要的介绍，基本上都是关于如何对这台机器及其线路进行快速检修。

他观察了它的键盘、灯板、转子以及被称作“插线板”的最新水平的安全措施。这是一个由电线组成的迷宫，当移动字母转子时，这些线路就会引导电流沿着不同路径移动。

就这样，巴特伊先生被要求从这里出发，去琢磨出一些弱点。这些弱点能够让攻破“恩尼格玛”这个令人生畏的任务变得容易一些。

“恩尼格玛”有一个细微的弱点，而马里安·雷耶夫斯基和迪利·诺克斯首先观察到了它。这个弱点乍看上去是一件琐碎的事情，而且可能毫无意义。尽管有着数以百万计的密码组合，但“恩尼格玛”永远不会把字母加密成它本身。举例来说，如果你键入A，灯板上亮起来的加密字母永远都不会是A。

这听起来可能没什么太大希望，但是这样一种特性显露了一种诱人的可能性，也就是可以设计出某种更高级的数学方法，并将其作为一种“撬棍”来使用。不过，诺克斯意识到了，如果充分地收集到了海量的加密资料，那么这种特性可能会导致的一些突兀或是小毛病，都是可以被观察到的。

同时，在“图灵炸弹机”的帮助下，另一条潜在的路径被找到了。它可以不知疲倦地吃透数百种密码组合，这对人类来说是完全不可能的。

如果一个人能推测出一条消息是从哪里发出的，那么就有可能猜测出军事性或技术性的关键词。加密信息中可能会重复这些关键词。而推测消息的来源正是“Y勤务”的技巧之一。

伴随着一个非同寻常的启示，年轻的新成员约翰·赫利维尔（John Herivel）将这一想法向前推进了一大步。在1940年的冬天，他寄宿在布莱切利庄园的一幢小房子里。那天，在完成了庄园的轮班之后，他回到了房东太太家的前厅。

那是一个黑暗冰冷的夜晚，屋外漫天飞雪。在温暖舒适的前厅里，壁炉中炽热的煤炭发出噼里啪啦的声音。赫利维尔发现自己开始打起瞌睡来了。他开始做梦。猛然间，他醒了过来，并且从椅子上跳了起来。

他突然看到一个“恩尼格玛”操作员的形象，那是一个典型的德国士兵。赫利维尔想象着这名士兵设置了“恩尼格玛”密码机以供使用。

可能是因为过于疲惫，或是因为工作压力，这名士兵在设置机器时选择了前一天已经在机器视窗中的字母。赫利维尔估计了一下如何才可能检测到这个错误，以及密码破译者如何能够利用这个错误。

这个见解既奇妙，又深刻，它被称为“赫利维尔小窍门”，而且它被证明是一个无价之宝。

除此之外，还有其他隐秘的心理学突破与之类似。这些突破要求密码破译者设身处地地站在“恩尼格玛”操作员的位置去思考问题，寻找破绽。人们意识到，一些德国人也许会以“希特勒万岁”（Heil Hitler）作为信息的开始，或者，他们的开场白可能是对话式的。信息中也许会提到天气，或干脆提及他们的女朋友。而且，作为一种测试，开场白有可能会被发送两次。

与此同时，在布莱切利庄园的卡片式文件索引中，每天都在新增一些重要内容，比如一些深奥的军事装备术语，信息中可能会使用到它们。有很多旁敲侧击的方法去刺探好战甚至无聊的德国年轻人的日常通信。

布莱切利庄园敦促它的新成员把这个普通德国信号操作员的形象铭记于心，还鼓励他们去研究德国的市井俚语，并特别提到了那些污言秽语。因为正如基思·巴特伊回忆的那样，那些操作员可能会以脏话作为他们的开场白，以此互相打趣。基思·巴特伊说道："蠢蛋永远都是蠢蛋。"

从更广泛的角度来说，布莱切利庄园的密码破译者让自己沉浸在德语会话之中。

这些会话采用德国军人互相问候的方式，这得益于上流社会名媛们的帮助。她们曾在20世纪30年代的德国完成了自己的学业，还和德国军官一起跳舞，就这样度过了自己的青春岁月。

密码破译者把注意力集中到那些确定了的单词和短语上。通常来说，在战场上，德国军官相互之间会使用它们。密码破译者会掌握当天"恩尼格玛"的通信量，并把精力集中在第一条信息上。之后他们会把这些单词和短语输入图灵的"炸弹机"。

这些单词和短语被称为"小纸条"[①]（crib），它们是"炸弹机"运作的手段。在用短语的形式把可能的加密字母组

① 原指考试作弊时夹带的小纸条，在这里则表示一段未加密的文字或字符串，图灵称其为"对照文"。

合输入机器后，它们便可以在17,576种可能性中进行运算。假如碰到需要重复运算的情况，那么时间可能会长达数小时。如果密码破译者的直觉是正确的，并且机器“击中”了密码，那么滚筒的机械装置就会停止工作。

在这之后，“炸弹机”的系统设置会被输入英国版的“恩尼格玛”中。这台机器被称作“类型-X”（Type-X），而加密后的信息会“流过”其中。如果一切顺利的话，那么“类型-X”将会产生一个可以识别的德语信息。

这个过程的下一阶段是把信息交给翻译人员。会有年轻的语言学家专门在这些信息中寻找技术术语。它们包括提及飞机零部件和导弹的术语，以及一些令人难以置信的专门词汇。之后，它们将被保存到一个不断增加的卡片文件索引中。

在这之后，这些术语将会被当作一种额外的破译手段。举例来说，在来自纳粹德国空军的密码信息中，这样的技术术语可能会被提供给“炸弹机”去碰碰运气。

就这样，开始时只是家庭作坊式的布莱切利庄园，很快就变成了一个密码破译工厂。

对密码破译者来说，他们需要一段时间来“热身”。直到1940年夏天的不列颠之战时，他们才真的进入了定期成功破解密码的状态。但从那以后，他们每天都在取得成功。一开始看似是奇迹的事情，在后来更是奇迹般地变成了例行公事。

当然，他们也遭受过可怕的挫折。在艾伦·图灵的领导下，“8号小屋”[①]的密码破译者主导了对抗纳粹海军“恩尼格玛”密码的战斗。

这些密码尤为重要，因为在海上战争中，德国的U型潜艇正在英国周边海域徘徊。它们的目标就是装载重要物资的商船。鱼雷一旦击中船身就会造成骇人听闻的人员损失，除此之外，食物、燃料、矿石和设备的库存也都被摧毁了。如果U型潜艇接连不断地得手，那么英国就可能因饥饿而屈服。

“8号小屋”的密码破译者还面临着一个额外的障碍，那就是德国海军司令卡尔·邓尼茨（Karl Dönitz）海军上将。他有着一种极其细腻的第六感，这一点与希特勒、赫尔曼·戈林（Hermann Göring）、希姆莱（Himmler）或其他人截然不同。邓尼茨认为德军的密码正在遭到破译。

他对此深感不安，于是下令进一步强化“恩尼格玛”的安全性能，德国海军在一些密码机上安装了一个额外的转子。这件事的可怕后果就是，在长达9个月的时间里，布莱切利庄园无法破译任何密码。“恩尼格玛”潜在的密码组合数量又一次激增了数百万。“炸弹机”已经力不从心了。

---

① “8 号小屋”专门负责破译敌方海军使用的“恩尼格玛”密码。

在一次勇敢而又惊心动魄的行动中，三名英国水手挽救了危局。在1942年的一个夜晚，一艘德国U型潜艇在地中海沉没。科林·格雷泽（Colin Grazier）、托尼·法森（Tony Fasson）和汤米·布朗（Tommy Brown）三人纵身潜入水中，并进入了受损的潜艇内部。

他们三人是为了抢救潜艇上的“恩尼格玛”密码机，还有写着每日设置说明的相关译码簿。法森和格雷泽两人下定决心，在把资料交给布朗并送到捕鲸船上之前决不离开，就在此时，正巧海水涌入U型潜艇内部。

艇体剧烈地震动着，开始东倒西歪起来。突然，U型潜艇像一块石头一样骤然沉入黑暗的海底深渊。布朗幸存了下来，但格雷泽和法森却在搜索译码簿时失去了他们的生命，而这本译码簿在未来将帮助人们挽救无数生命。

在我们这个有着即时性数字解决方案的时代，像“恩尼格玛”密码机这样看上去人畜无害（甚至可以称得上是一款经典的设计）的东西竟造成了如此多的牺牲，这实在是匪夷所思。然而，破解它的战斗间接地造就了我们现在看到的世界。

因此，与这一部分内容有关的谜题（它们既不需要机器，也无须去推敲1.59×10^{20}个组合），也是为了捕捉亚瑟·谢尔比乌斯的机器那令人生畏的前景的一种尝试。

这种尝试的灵感来自谢尔比乌斯提出的原始概念，那便是解开谜题，需要的是冷静的头脑和沉稳的双手，抑或是沉稳的头脑和冷静的双手。

—••• •—•• • — —•—• •••• •—•• • —•——/
•——• •— •—• —•—/—••• •—• •— •• —• — • •— ••• • •—• •••
—••• —•——/
••• •• —• —•—• •—•• •— •• •—•/—— —•—• —•— •— —•——

Chapter 3

全都加起来

通过他们看似古怪的方法，这些人确实给出了布莱切利庄园所要求的想法。这种想法就是那种具有弹性的思维：一个人的头脑中同时掌握数字和概念的能力是解决问题的关键。

让我们实话实说吧。对许多人来说，一看到数学难题就会引起某种让人气馁的茫然。举例来说，一个数学问题会涉及数字47，或是涉及“整数”，或是涉及“节点”和“中位数”这样的术语。当讨厌数学的人面对这样一个问题时，其结果就是他的脑子完全停止了工作。

在传统上，数学一直被理解为是所谓的“科研人员”的领域。举例来说，布莱切利庄园密码破译者的经典形象就是蓬头散发的怪人。他们沉浸在抽象方程式的深渊之中，或许还有点社交障碍。然而，事实有时却会大不相同。

因此，这一部分谜题虽然和数学相关，但它们并不要求你拥有这门学科的顶尖学位。更确切地说，它们包含着智力体操的要素。这是一种能力，它能够让你从各种角度去考虑数字和符号。如果有需要的话，它甚至可以颠倒乾坤，以彻底了解数字与符号的含义。

布莱切利庄园的密码破译者颠覆了许多社会成见，其中一个就是纯数学是“男孩子自己的”东西。换句话说，就是不可能指望女孩子去理解纯数学。不仅如此，布莱切利庄园还凸显了一种社会二分法的谬误之处，而时至今日，我们仍然会看到这种二分法：热爱艺术的人没有数字头脑。

不过，尽管可能有着与生俱来的数学天赋之类的东西，布莱切利庄园的故事也是一个关于态度的故事。密码破译者们面对的是可以且必将被解决的问题。这些问题本身就带有一种奇特的艺术美感。对于一个特殊的女性新成员来说，这种挑战正是她乐此不疲的。毕竟，她已经在自己的领域超越了她的男性同行们。

1940年，当时琼·克拉克（Joan Clarke）正在剑桥大学纽纳姆学院学习数学。在那个年代，这可是一件非同寻常的事情。数学这门学科几乎完全是由男性主导的，与现在相比，当年的情况更是这样。不仅如此，虽然不久之前女性终于取得了在剑桥大学学习的权利，虽然她们可以和男同学坐在一起考试，但她们实际上并不指望能取得大学的学位，因为它只会被授予男性。即使到了1940年，剑桥大学当局还没有准备好做出重大改变。

尽管如此，琼·克拉克——一位牧师的女儿，在伦敦南部树木繁茂的丘陵山区长大——仍然是一个才华横溢的学生。在当时，数学是一门发展迅速的学科。科学的影响范围不断扩大：去探索璀璨群星，去深入探索原子核，在天空中用不可思议的速度飞行……这意味着数学家必须要找到新的方法，以适应新的发现。从为计算气体在太空中的质量和运动创立理论，到研究气流对机翼结构的影响，“新发现”就是指诸如此类的所有东西。

这也是一个几何学（特别是在计算弹性三维结构的时候）和统计学取得巨大进步的时代。换句话说，数学不再仅仅是一门抽象的学问。这门学科是这个正在飞速现代化的世界的核心主题。

琼·克拉克天资聪颖，在她三年的学习生涯中，每一年她都取得了第一名。这让她成了剑桥大学里所谓的“牧马人”（Wrangler），这是一项极少会授予女性的荣誉。然而，这所大学仍然不会授予她一项更为传统的官方荣誉，也就是学位。尽管如此，剑桥大学当局还是请求琼留在学校，显然，她为数学系做出了巨大贡献。但此时，空袭警报已经响了起来。

在1940年年初，琼收到了剑桥大学前讲师戈尔登·韦尔奇曼的来信。他们见面后，琼很快就融入了布莱切利庄园的世界。到了1940年6月，随着英国军队令人震惊地从敦刻尔克撤退，她被分派到“8号小屋”，和彼得·特宁（Peter Twinn）、艾伦·图灵一起工作。

布莱切利庄园的许多新成员发现，他们一开始最难适应的就是轮班制度。每天有3个时长8小时的“值班”（一个海军术语），其中最难熬的一段时间是从午夜到早上8点。在这段时间里，密码破译者要彻夜不眠地处理涌进来的通信。首先，新人必须要适应新的睡眠模式，而这种睡眠模式令人难受；其次，他们会出现意想不到的消化问题，这是一天中吃饭时间不规律导致的。所有这些症状很快就消失了，不过这对普遍存在的紧张并没有什么帮助。

但是，和庄园周围的其他许多人一样，“8号小屋”里的数学家都很年轻，而且他们都具有一种生动活泼的幽默感，这是一种无法衡量的财富。因此，琼·克拉克发现自己不仅生活在天才的同龄人之中，而且生活在一种活泼的氛围中。现存有一张她在庄园时的照片，那是在战争即将结束时拍摄的。照片中，一群看上去很有趣的男人正围在一个面带微笑的女人身边。

图灵很快就和琼建立了融洽的关系。尤其是为了帮助他那强大的“炸弹机”更加有效地工作，图灵使用了一种贝叶斯概率理论的变体，而这一理论恰恰让琼神魂颠倒。他们两人智力相当，可以平等地交流。其他许多密码破译者觉得图灵的思维有一种突破天际的倾向。跟他们不同，琼不仅能理解他那些另类的建议和想法，还能有所探讨。琼是世界上为数不多能做到这一点的人。

在听到图灵那独特而恼人的笑声时，琼是为数不多的几个不会离开房间的人之一。在最近的电影《模仿游戏》（*The Imitation Game*）中，图灵和琼分别由本尼迪克特·康伯巴奇（Benedict Cumberbatch）和凯拉·奈特莉（Keira Knightley）饰演。他们两人都是优秀的演员，但是这部电影充满惆怅。事实上，图灵和琼远离了这项工作中那些扭曲心智的苦恼。两人兴致盎然地工作，觉得这既愉快，又有趣。

与“恩尼格玛”相关的许多工作都涉及概率和统计学分析，它需要的不仅仅是坚如磐石的专注力，还有一个要素是，要能够消化无穷无尽的字母和数字，并用某种方式观察到它们之外的一个维度。后来一位密码破译者说道，其中的关键就是要能够反复地揣摩一个问题，并从各个维度去检查它。

数学本身就是一种语言和思维体系，而琼·克拉克深谙此道。她和图灵越来越亲密了。他们一起去野餐，一起在白金汉郡的乡间散步。他们的闲聊中会涉及诸如斐波那契数列之类的问题，这是在自然界中常见的一种数学巧合。斐波那契数列是一系列数字，从第三个数开始，每个数字都是前面两个数字之和。在许多自然事物中都可以看到这种模式，包括松果、菠萝和叶子的结构。以松果为例，它满是疙瘩的结构是由两组螺旋线组成的，而这些螺旋线就符合斐波那契数列。图灵和琼都被大自然中数学复杂性的外在表现吸引。

他们订婚了，可惜时间不长，图灵向琼坦白了他所谓的“同性恋倾向”。不过他们仍然是同事，事实上，他们也仍然是好朋友。

1943年，图灵被派往大西洋彼岸，去协助美国人的密码破译工作。与此同时，琼·克拉克在“8号小屋”中得到提拔，最终成为“小屋”的副主管。战争结束后，他们仍然保持着密切的关系。图灵致力于计算机的工作，而琼则悄无声息地继续着她非常成功的密码破译事业。

琼·克拉克绝非唯一的才华横溢之人。另一位被从学院里抽调出来是玛格丽特·洛克（Margaret Rock），她同样是一位卓越的女数学家。她和迪利·诺克斯一起在“小屋”中工作，那是主屋旁边的一个附属建筑。诺克斯似乎总是喜欢和女人一起工作，梅维斯·利弗（Mavis Lever）是他的另一位同事。一些同事窃笑着将其归结于好色，但看起来更像是这样：女性往往在工作中表现得更好。梅维斯·利弗刚来的时候，诺克斯递给她一支铅笔，并且对她说："在这里，我们就是破译机。你想要试一试吗？"

布莱切利庄园里还有一些人，对于他们来说，投身数学似乎是出于偶然，而不是天性使然。20世纪30年代，伦敦，年仅10岁的彼得·希尔顿（Peter Hilton）不幸被一辆劳斯莱斯（Rolls-Royce）撞倒。由于双腿打满了石膏，他不得不在医院里待几个星期。在那里，他得到了一些书写材料和一块黑板。他通过设计和解决数学问题度过了那段漫长的日子。

到了1941年，当希尔顿还在牛津大学学习的时候，艾伦·图灵和斯图尔特·米尔纳-巴里（Stuart Milner-Barry）给温斯顿·丘吉尔写了一封信。他们在信中要求首相为他们提供额外的设备，特别是额外的密码破译者。资金到位了，招聘人员再次来到牛津大学。他们明确要求寻找懂得一点德语的数学家。在和彼得·希尔顿一同上课的学生当中，他是唯一符合这个特殊要求的人。

不过，有些人确实符合"疯狂研究员"的经典形象。在布莱切利庄园众多古怪的新成员中，欧文·杰克·古德（Irving Jack Good）是最古怪的一个。他是一名年轻的数学博士，因为他的父母分别有犹太血统和俄罗斯血统，所以他出生时的名字叫作伊萨多·雅各布·古达克（Isadore Jacob Gudak）。他从小在伦敦最东边的哈克尼长大。欧文显然很不擅长阅读文字，但从很小的时候起，他就对数学充满热情。在9岁那年，他得了白喉。和彼得·希尔顿一样，被迫卧床休息的这段时间意味着他活跃的思维得以闪耀。当他躺在床上时，他的大脑沉思着无理数的平方根以及其他数学现象。

20世纪30年代末期，几乎是和艾伦·图灵同一时期，古德也就读于剑桥大学。在战争爆发时，他正在攻读博士学位。最终，他在1941年被招募进了庄园。这是庄园日常工作的一部分，旨在吸纳更多数学家。他被分配到“8号小屋”，而他古怪的行为方式立刻就给他的老板艾伦·图灵留下了很坏的印象。

来到布莱切利庄园的第一个晚上，古德被安排去值夜班，负责筛选白天收集的U型潜艇和战列舰的加密信息。出于对古德的公平，我们必须指出，这些“小屋”中的工作环境十分恶劣。“小屋”里满是烟斗和香烟的蓝色烟雾，冬天滴水成冰，夏天热得人汗流浃背。然后是夜班……好吧，在他第一次轮班时，古德被发现躺在地板上睡着了。这种行为在战争期间可不能让人满意。

睡眠成了他经久不衰的主题：他非常需要每天有规律地睡上8小时。但是当下一次人们评论他那显而易见的嗜睡毛病时，所有人都在向他表达祝贺。

一天晚上，在古德入睡的时候，一个数学定理一直折磨着他。这是一个深奥而又复杂的定理，它同时也是破译海军“恩尼格玛”密码的一种潜在手段。不过，当他睡醒以后，一种可能的解决方案自己就出现了。毫不夸张地说，古德是梦见了破解密码的方法。

在马克斯·纽曼教授（Professor Max Newman）的麾下，古德在曼彻斯特大学继续讲授数学。到了20世纪60年代，他把自己在人工智能和概率论领域杰出的专业知识带到了美国。在弗吉尼亚州，人们可以选择自己的车牌号码，古德选的是“007IJG”。这是邦德的编号，古德是为了揶揄他在战争年代间谍活动中扮演的角色。

到了战争后期，即便是那些刚离开校园不久的人，也被布莱切利庄园的“牵引束”（Tractor Beam）带走了。在苏格兰，18岁的神童桑迪·格林（Sandy Green）发现自己成了布莱切利庄园关注的焦点。他早在两年前就开始在圣安德鲁斯大学学习，当时他年仅16岁。这位少年是被招来做所谓的“人类计算机”的，也就是一个做计算工作的人。如果这听起来非常像机器人的话，那么他在布莱切利庄园的时光实际上是恰恰相反的。格林在庄园里遇到了他未来的妻子玛格丽特·洛德（Margaret Lord），而在庄园工作本身也是一次非常美妙的经历。浪漫无处不在，即使在最散漫的数学家中也是如此。

20岁的奥利弗·劳恩（Oliver Lawn）刚从剑桥大学数学系毕业，他觉得在布莱切利庄园就职有点困难。他说，在参观一台被缴获的“恩尼格玛”密码机时，他发现自己很难集中注意力。因为透过窗户，他可以看到很多“迷人的年轻女士在四处走动”。不过，不久之后，当他和希拉·麦肯齐（Sheila Mackenzie）翩翩共舞时，他的心思便永远地转向了她。

上述所有这一切连同其他诸如大卫·里斯（David Rees）这样杰出的人物塑造了一代人的数学思想。在这一时期，人们更深入地探索了拓扑学、几何学以及代数学，它们都与曲线和不规则曲面问题（被称为“橡胶板拓扑学”）有关。反过来，这在一定程度上也有助于人们绘制双螺旋结构。

在战争结束后，布莱切利庄园的许多研究员回到了牛津大学，他们是最具抽象思维的一批人。另一批人则跟随马克斯·纽曼教授来到了曼彻斯特大学，纽曼教授可是布莱切利庄园伟大的精神领袖。在曼彻斯特大学，一个全新的计算机和数学的世界即将出现。

新的发展令人兴奋不已，不过数学可能从未像在战争期间那样不可或缺。三位波兰数学家最先破解了“恩尼格玛”，在华沙郊外的森林，他们把改进后的技术交给了英国的密码破译者；图灵在贝叶斯概率理论上实现了重大突破，这使“炸弹机”成为大规模破译密码的实用手段；马克斯·纽曼教授和他的团队在“纽曼尼”项目上的努力，使得阅读希特勒本人从办公桌上发出的信息成为可能；还有引导汤米·弗拉沃斯（Tommy Flowers）创造出第一台计算机的数学思维。所有这些都为改变历史进程发挥了自己的作用。

这部分的谜题是经典的脑筋急转弯，它们都有着数学上的特点。这些特别的例子在爱德华国王时代非常流行。它们被发表在杂志和书籍上，许多密码破译者（当然还有其他人）在这些问题上牛刀小试。他们不需要贝叶斯理论的博士学位，不过，通过他们看似古怪的方法，这些人确实给出了布莱切利庄园所要求的想法。这种想法就是那种具有弹性的思维：一个人的头脑中同时掌握数字和概念的能力是解决问题的关键。

—••• •—•• • — —•—• •••• •—•• • —•——/
•——• •— •—• —•—/—••• •—• •— •• —• — • •— ••• • •—• •••
—••• —•——/
••• •• —• —•—• •—•• •— •• •—•/—— —•—• —•— •— —•——

Chapter 4

当心你的密语

一个人并不需要一台像衣柜那么大的机器来解锁密码。实际上，只要你有足够的耐心把字母带写出来，你就可以在自己的餐桌上破译密码。

密码破译者不必熟知贝叶斯概率理论这样深奥的数学知识。任何一个热爱语言和字母的人都可以把他的那种迷恋扩展到密码领域。

即便是“恩尼格玛”密码机产生的混沌旋涡，也可以算作对语言的效仿。

虽然这种效仿被扭曲得无法想象，但它本质上仍然是写在纸上的字母。

它是用字母代替其他字母，然后把单词和句子分解成5个字母一组的团块。当你端详着被“恩尼格玛”加密过的信息时，你知道其中被选中来表示其他字母的那些字母并不是完全随机的。有一种机器设置终将复原它们的含义。

即使没有那台机器，你也知道单词和句子仍然还在那里。虽然它们的顺序压根儿没法理解，但文字的含义仍然隐藏在那张纸上。

这就是为什么密码破译从来就不单单是数学天才们的任务。这门学问还需要这样的人：相较大多数人，他们对语言的内在韵律和结构有着更深切的感悟。

这里的“语言”不仅仅是指英语，或是其他广泛使用的语言，而是指所有语言。这也是为什么布莱切利庄园的招聘人员所关注的范围并不局限于学习高等代数和几何的学生。他们也寻找诗人。

与这一部分内容相关的谜题不会测试特定的语言知识（这是不公平的），而是设置了一个更深层次的挑战。这个挑战与一个人对任何语言总体上的感觉有关，即使这种语言是毫无意义的。事实上，虚构的语言正是后来密码破译部门为了招募新成员而设计出来的方法之一。

在战争刚开始的时候，这种方法还要稍微直白一些。在1940年，布莱切利庄园的一个伟大“发现”是一位名叫梅维斯·利弗的年轻女士。她一直在伦敦大学学习，直到战争爆发。在那之后，她所在的系被疏散到了威尔士大学学院，该学院位于阿伯里斯特维斯。

无论是过去，还是现在，阿伯里斯特维斯都是一个美丽而又狂野的地方，特别是对于研究狂野的、浪漫奔放的德国诗歌来说——因为德语正是梅维斯·利弗的专长之一。远离了伦敦的烟尘和浓雾，梅维斯可以自由自在地在山丘上漫步——这些山丘环绕着这座海滨小镇，或者在波尔斯怪异而又空旷的沙丘上徜徉数英里。但是她觉得这样做是完全错误的，因为正如她所说，当德国飞行员正准备在英国各个城市释放地狱烈焰时，研究那些最为抒情的德国诗人未免有些骇人听闻。

于是，她很快就决定放弃学业，并自愿参加战斗工作。一开始，她本打算去接受护士培训，但她的一位老朋友说“哦不，你别去”，并给她指明了一些职业方向，让她那强大的智慧得以充分发挥。梅维斯·利弗的第一份战时工作是在白厅[①]（Whitehall）的经济战争部（Ministry for Economic Warfare）。她善于分析的头脑受到了关注，而她的一位上司（此人碰巧是迪利·诺克斯的一个老朋友）想知道她是否能够承担一个更具挑战性的角色，从而更好地为国家效力。

没过多久，梅维斯·利弗就受到了“X电台”（布莱切利庄园的代号）的召唤。那是一天深夜，她到了之后，就被从火车站一路护送到了庄园附近的那幢大房子里，并立刻被要求在“官方保密协议”上签字。突然投入到这种新生活中，让一些和她处境相似的人感到有点迷惘。但是梅维斯·利弗十分高兴。

① 指英国政府。

她和其他众多语言学家给布莱切利庄园带来的是一种才能，这和那些数学家所贡献出的才能一样不可或缺。因为就像每个问题在数学家心中都有一个数学解答一样，“恩尼格玛”密码在他们心中始终都是语言谜题。

正是由于这个原因，许多在布莱切利庄园工作的人都喜爱密码和其他文字游戏。他们本来也会喜欢拼字游戏的，只不过那时候它还没有被发明出来。棋盘游戏的早期版本在美国随处可见，但直到战后，它才以现代的形式出现。

布莱切利庄园的语言学家们所做的事情并没有什么不同。他们也是去处理那些潦草写就的独特字母。

梅维斯·利弗被安排到布莱切利庄园一个叫作“村舍”的部门工作。这是一幢用红砖建成的附属建筑物，就在主屋庭院的正对面。这里是古怪又可怕的迪利·诺克斯的行动总部，梅维斯发现自己在替他工作。

尽管这项工作和学问与威尔士薄雾笼罩的群山相去甚远，但迪利·诺克斯找到了一种方法，他让“恩尼格玛”的智力挑战以一种完全不同的方式使人亢奋起来。

诺克斯开发了一种重新排列加密字母的新系统，他称其为“魔杖”（rodding）。这个系统本质上就是一条计算尺，它和字母表方块中排列好的加密字母相对应。没有任何说明能够表述出这个东西最初的复杂性［“魔杖”还包含一个叫作“连环画”（comic strips）的可移动的字母带］。但这种想法基本上在说，一个人并不需要一台像衣柜那么大的机器来解锁密码。实际上，只要你有足够的耐心把字母带写出来，你就可以在自己的餐桌上破译密码。

这样一种技术也向梅维斯·利弗表明，密码破译者不必熟知贝叶斯概率理论这样深奥的数学知识。任何一个热爱语言和字母的人都可以把他的那种迷恋扩展到密码领域。

梅维斯·利弗迅速地展现了她在这项工作上的才能。她开始着手钻研意大利的“恩尼格玛”密码。1940年9月的一天，她正在检查一条被侦听到的信息，一直工作到这个夏日的深夜。从早些时候破解它的尝试来看，这条信息似乎是以“PERX”开头的。

这不是一个已知的意大利语的专业术语，似乎也不是任何形式的缩写。不过，由于这是信息的开头，梅维斯·利弗用上了一点猜测。她怀疑这里可能存在输入错误。而且，无论是否剔除那个可能被错误录入的“X”，开头的几个字母[1]都可以拓展成单词“personale”（意大利语中“个人的”的意思），这是开始通信的一种方式。

---

① 指PER（X）。

她是完全正确的。这是一条个人信息［在后来的另一个场合里，她钻研了一条德国的加密信息，并知道了发信息的人有一个名叫罗莎（Rosa）的女朋友，因为他时常提到她］。为了彻底检验她关于这条意大利信息的推测，她通宵达旦地工作，解锁了一个又一个字母。跟德国人一样，这些意大利人也是每隔24小时就改变一次他们的“恩尼格玛”设置。但是有了这个发现，梅维斯·利弗运用诺克斯的方法确立了一个信条，那就是窥探公开的信息既有代数上的方法，也有语言上的手段。

研究了更多密码之后，她在数月之后迎来了最终的胜利。她推断出一条从地中海发出的意大利海军的信息是“X减去3天”。梅维斯·利弗准确地预测了一件大事正在发生。英国海军部收到了警告，而那个“大事件”就是马塔潘角战役（The Battle of Cape Matapan）的爆发。多亏了梅维斯·利弗及时的预警，英国皇家海军赢得了这场战役。坎宁安海军上将（Admiral Cunningham）亲自向她表示感谢，那时她只有20岁。

不久之后，一位年轻数学家吸引住了梅维斯的目光，此人和戈尔登·威尔奇曼一起在“6号小屋”工作。基思·巴特伊被布莱切利庄园吸引，并从牛津大学来到这里。他立刻就被这位才华横溢且自信满满的年轻女士迷住了。虽然他俩被禁止讨论各自的密码破译部门都发生了什么，但两人的爱情仍旧得以开花结果。哪怕对你的同事，甚至是爱人，都不可以吐露心声，这就是安全措施的严格程度。

尽管存在着各种安全上的顾虑，当局通常还是热衷鼓励建立人际关系。毕竟，这份工作是如此紧张，而密码破译者们也需要感受到人情味。梅维斯·利弗和基思·巴特伊起初认为他们的关系是十分隐秘的，但是，当他们在布莱切利庄园的食堂里发现了特意为他俩准备的紧挨在一起的位置时，他们就知道没有什么能瞒得过庄园的管理层了。

从更广泛的角度来说，布莱切利庄园在语言学家方面是幸运的。他们中有诸如未来小说家安格斯·威尔逊（Angus Wilson）（他因为工作压力太大，曾向一位“鹪鹩”扔过一个墨水瓶）和诗人普林斯（F.T. Prince）这样的人。

无线电安全局（Radio Security Service）是布莱切利庄园的姐妹部门。

该部门旨在监控来自德国特工部门“阿勃维尔”（Abwehr）的通信，在这里也有一些令人印象深刻的奇才。其中最值得注意的是一位来自剑桥大学的年轻教师，他有着一种尖酸刻薄的幽默感。后来成为德克勋爵（Lord Dacre）的休·特雷弗-罗珀（Hugh Trevor-Roper），在疏散中被安排到了一间特别的办公室里，这间办公室位于伦敦西部的苦艾丛监狱（Wormwood Scrubs Prison）。他发现自己要面对各式各样的德国手工密码，而它们并非是由“恩尼格玛”生成的。

特雷弗-罗珀是一位博学之人。他既是做学术研究的历史学家，也称得上数学家。除此之外，他还非常好地掌握了德语的实用知识。尽管他不应该这么做，但特雷弗-罗珀还是会把德国密码带回他位于伦敦西郊伊灵区的住所。当他听到轰炸机飞过头顶时，他会打起十分的精神来破译密码。他的传记作者亚当·希斯曼（Adam Sisman）特别提到，这些德国密码为《泰晤士报》的填字游戏提供了一种备受欢迎的替代方案，它们把他对谜题的嗜好推向了极致。

那里还有其他一些人，他们成为密码破译者的时间要早得多，并且他们很快就为英国和美国之间未来秘密关系的建立提供了帮助。一位名叫休·福斯（Hugh Foss）的令人敬畏的怪人便是其中一个。此人身高6英尺5英寸[①]，头发微红，在家庭生活方面杂乱无章，但他很幸运地拥有灵动的智力和天生的好奇心。

福斯出生在日本神户，他的父母都是传教士，这是他的第一个先天优势。他能轻松自如地使用日语，而当时这样的人，

① 约1.96米。

在全英国也没有几个。到了1941年底，由于日本对美国海军基地珍珠港的袭击，美国卷入了这场战争，这种罕见的技能对密码破译者来说变得至关重要起来。“恩尼格玛”的复杂程度是一回事，而日语密码带来的挑战则完全是另外一回事。

后来休·福斯成了布莱切利庄园日本部门的负责人，他有着一个不同寻常的心头好。他痴迷苏格兰高地舞（Highland dancing），而且经常被人看到穿着苏格兰短裙——尽管严格地说，实际上他并不是一个苏格兰人。在战前，福斯就已经把苏格兰里尔舞（Scottish reels）的热潮带到了切尔西繁华热闹的街道上。他还为这项爱好成立了一个俱乐部，并说服了资深密码破译者阿拉斯泰尔·丹尼斯顿（Alastair Denniston）及其妻子加入。

福斯还创办过一本名叫《里尔舞》（*The Reel*）的杂志。他亲自为杂志撰写文章，设计了新的高地里尔舞，并附有看上去像是密码的舞蹈动作示意图。他还在杂志中设置了逻辑和密码谜题。

在福斯看来，符号创造了行动。日本军队使用的密码直接反映了一个活跃的暴力世界，正如高地舞蹈的示意图能转换成群体的大场面一样。这种大场面还有着激动人心的优雅和速度。

作为从另一个角度处理军事难题的手段，他不断深化自己的日语知识。精通一门语言就是深入了解这种文化的核心，了解影响它的思想。不同的文化对诸如敌人乃至合理的武力等概念有着不同看法。语言的运用方式可以加剧攻击性。对于休·福斯来说，要想洞察日语密码，他就要看穿日本军方的想法。

在布莱切利庄园的其他地方，高级密码破译员约翰·蒂尔特曼上校（Colonel John Tiltman，后来晋升为准将）自学日语，并给人留下了深刻印象。在那之后，他开始确保新成员能够学会一些基础知识，指挥官塔克（Tuck）被任命负责此事。

自然，在任何时候，与布莱切利庄园有关的一切都是绝密的。所以附近贝德福德的市民只能妄自猜测。他们猜测接管了商业街当地煤气展销厅上面房间的指挥官是谁，也猜测那些成群结队进进出出的年轻人（他们有的身穿制服，有的则没有）是什么人。这就是密码破译者的日语学校，而那些为这个领域专门招募来的人发现这是通向一个全新领域的大门，其中就有牛津大学本科生、语言学家迈克尔·科恩（Michael Cohen）。

这个为期11周的日语课程并不容易。部分指导课程涉及听留声机录音，录音的内容则是简单的日语对话。一开始，录音的播放速度很慢，之后越来越快，音量也越来越大。据说，这种强化教学手段要么取得良好的成效，要么就是学生尖叫着被带出教室。

艾伦·斯特里普（Alan Stripp）是另一名本科生密码破译者。精通远东地区的密码和语言给他带来了自信，而他发现这种自信在之后可以被应用到其他地方。他成了一名波斯语（Farsi）专家，这正是伊朗的语言。在战争后期，他乘船来到印度洋，并且深入西北边疆的丘陵地带，前往一个秘密的监听站。在那里，他侦听到了来自伊朗、阿塞拜疆以及苏联在中亚地区军队的信息。

与此同时，在战争后期，布莱切利庄园急切地指派了一批美国人。要在一个有着花呢服饰和茶歇时间的国度中工作，这些美国人还带着些许疑惑。他们中有一位才华横溢的年轻人，他的名字叫亚瑟·莱文森（Arthur Levenson）。

莱文森是个博学之人，他精通数学和文学。在布莱切利庄园期间，他对小说家詹姆斯·乔伊斯（James Joyce）的作品特别着迷。

乔伊斯早期的杰作《尤利西斯》（*Ulysses*）是一本700多页的书。此书的背景设定在1904年都柏林的一天之内，书中充满了恶作剧般的密码，它们都是作者深思熟虑后设置的。

这些密码中值得注意的是那个反复出现的谜团，也就是那张上面写着“U.P.：up”的传奇明信片，它被寄给小说中某一个角色。所有学术论文都致力于探讨这个谜团可能意味着什么。

《芬尼根的守灵夜》（*Finnegans Wake*）是乔伊斯后来的杰作。从这部书开始，他扬帆起航，驶向了更为宽广的语言海洋。第一眼看上去，这部书中有500多页的内容是不可理解的。熟悉的词语被组合起来，形成新的辞藻；语句不着边际，不断变换着它们的意义；还有回文字谜和谜语，以及对经典和神话佶屈聱牙的引用。然而，在所有丰富多彩的混沌之中，有一种让人发狂的感觉，那就是人们可以领悟和揭示出的含义。

亚瑟·莱文森非常推崇《芬尼根的守灵夜》，并且现在你就可以明白为什么一个密码破译者可能会渴求正面挑战乔伊斯的机会了。这位小说家的语言创造力和丰富性使得阐释他的文字的挑战比任何常见的隐喻字谜都更有价值。

“二战”后不久，布莱切利庄园被重建成政府通信总部的一个新部门。当时，曾在庄园受过训练的高级密码破译者仍然认同语言技能至关重要。

在战后的岁月里，一位当年的新成员回忆说，他曾被派去参加了一场最惊人的能力测试。这场测试是要看看他是否适合从事密码方面的工作。

他拿着一张纸坐了下来，纸上写的似乎纯粹是一些胡言乱语，其中仅有的一些可以辨识的只言片语还带着一丝古英语的味道。但是它们都混杂在一个看起来随机且混乱的旋涡之中。

纸上附有一个介绍性的说明。这名候选者被非常严肃地告知，现在他注视着的是精灵的语言。如果一个人非常认真地去聆听，他就能在森林深处听到这种语言。翻译所有这些精灵们的话语就是候选者的任务。

那里面也许有托尔金（Tolkien）的笔记，这是一种特别受欢迎的密码破译类型；重要的是，那里还有詹姆斯·乔伊斯的暗示，以及《芬尼根的守灵夜》中多样的语言和参考文献。

这名候选者静下心来，参加了这次不同寻常且费力伤神的考试。不久之后，他就被告知成功通过了考试。

这位候选者的名字叫大卫·欧曼德（David Omand）。他在日后被提拔为政府通信总部的掌门人。这个故事的寓意和密码破译者寻求的广泛的智力技能不谋而合。同样，它也和一种个人能力有关。这种能力让密码破译者在处理一个看起来不可能完成的任务时，不仅满怀热情，而且不乏幽默。

因此，与这一部分有关的谜题不仅有着强烈的语言色彩，它们还以一种完全虚构出来的语言为中心。你将会熟悉“凯特语”（Kat）中那些迷人的词汇，并把那些句子翻译成英语

（也要把英语翻译成“凯特语”）。除此之外，为了纪念伟大的詹姆斯·乔伊斯，本书还从《芬尼根的守灵夜》中节选了一段短文，就是亚瑟·莱文森津津乐道的那种类型，供您在谜题部分进一步探究。

—••• •—•• • — —•—• •••• •—•• • —•——/
•——• •— •—• —•—/—••• •—• •— •• —• — • •— ••• • •—• •••
—••• —•——/
••• •• —• —•—• •—•• •— •• •—•/—— —•—• —•— •— —•——

Chapter 5

世界上最著名的填字游戏

抛开过时的术语不谈，英国和美国密码破译当局都非常清楚，填字游戏可能有助于更广泛的密码战争活动。填字游戏可以提高思维方式的敏锐度，还可以在压力巨大的轮班之后作为一种放松的手段。

作为20世纪最卓越的智者之一，艾伦·图灵是现代计算机之父，同时也是布莱切利庄园最著名的密码破译者，但他的填字游戏水平完全是不可救药的。

1937年，当图灵还在美国普林斯顿大学（Princeton University）时，他在一封信中写道："莫里斯（Maurice）和弗朗西斯·普莱斯（Francis Price）在上周日安排了一场寻宝派对。派对上有13条不同种类的线索，包括密码、字谜以及其他我完全无法理解的东西。所有这些都很巧妙，但我不是很会使用它们。"

在战争稍晚些的时候，图灵从英格兰被派往华盛顿（Washington），加入了美国密码学家们的行列。某一天，一位同事向他求助，让他解决那天碰到的一个晦涩难懂的智力题。图灵是怎么回答的呢？他说：“这是《先驱论坛报》（*Herald Tribune*）上的密码，我从来都做不来这些！”

如果图灵接受了《每日电讯报》1942年那个著名的挑战，也就是在12分钟或更短的时间内解决报纸上的隐喻字谜，那他是不会成功的。其结果就是，他可能错过了通过一种更加引人注目的方式被布莱切利庄园招入麾下的机会。这样一想，实在是令人吃惊不已。

与这一部分内容有关的谜题不仅着重展示了《每日电讯报》上特别重要的填字游戏，而且也有来自《泰晤士报》的其他战争期间的填字游戏。因为正如我们将要看到的那样，这些谜题是布莱切利庄园生活构成中至关重要的一部分。

作为一种寻找最为灵活的战时头脑的特别英伦范儿的方法，《每日电讯报》于1942年1月13日刊登的填字游戏现在在历史上有了它的一席之地。

一切都开始得非常平淡。在1941年后期，当北非的战事逐渐明朗之时，给《每日电讯报》写信的人们却似乎并不太关心军事上的收获，或是定量配给，又或是揪出从事间谍活动的“第五纵队队员”（fifth columnist），而是更关心每日填字游戏的质量。在这些读者的来信中，有人干脆抱怨说填字游戏变得过于简单了。

这些信件首先引起了怪人俱乐部（The Eccentric Club）W.A.J.加文（W.A.J. Gavin）的注意。这个俱乐部是一个受人尊敬的伦敦梅菲尔区的餐饮协会，致力于吸纳原创型思想家成为其会员。加文觉得为一项特殊的挑战设立一个奖项会很有意思。他与《每日电讯报》的编辑阿瑟·沃森（Arthur Watson）取得了联系，后者立刻就接受了加文的这个主意：任何在12分钟内解决了每日填字游戏的人，都可以直接拿走100英镑的奖金。

就其本身而言，这个主意是一个有趣的噱头，但它激发了白厅几个关键人物的想象力。

《每日电讯报》向它的读者们发起了一项挑战。那些接受了挑战的人来到《每日电讯报》编辑室的一个特殊区域。1942年1月，一个寒冷灰暗的早晨，有5个人顺利地在规定时间里正确地填写了谜题。

虽然这是一笔数目不小的奖金，但更大的奖励还在后面。因为还有一些工作人员也见证了这场竞赛，他们来自军情六处（MI6）一个鲜为人知的分部。

其中一名获奖者是一位名叫斯坦利·塞奇威克（Stanley Sedgewick）的男子。在许多年之后，他在接受采访时说道：

“在参加了《每日电讯报》‘填字游戏用时测试’之后，我收到了一封标有‘机密’字样的信。信中邀请我约个时间去和总参谋部（General Staff）的尼克尔斯上校（Colonel Nicholls）见面，他非常想就某件国家大事与我见上一面。”

塞奇威克先生准时前往白厅。在签署了“官方保密协议”之后，他就这样被征募到了布莱切利庄园的行动中。他说，有人告诉他，他有一个足够“扭曲的大脑”来从事上述艰巨的工作。他们也用类似的方法去接洽和劝导了其他获奖者。

就这一点来说，弄清楚当今时代中是否有人也拥有一个足够“扭曲”的大脑，能够完成当年那个12分钟的壮举，应该是一件十分有趣的事。

随书附件《每日电讯报》上名垂青史的填字游戏，你能在规定时间里争分夺秒地完成它吗？如果能完成的话，你会不会是那些已经被悄悄地接洽，然后被告知去“X电台”报到的人中的一员呢？

对于一些密码破译者来说，破解填字游戏成了一种惯例。有些人喜欢《每日电讯报》的填字游戏，另一些则偏爱《泰晤士报》上的。

后者的粉丝中就包括了“6号小屋”的密码破译者罗尔夫·诺斯科维茨（Rolf Noskwith）。不管是什么时候，只要他和布莱切利庄园的同事萨拉·诺顿（Sarah Norton）乘火车从伦敦尤思顿（Euston）返回他们在白金汉郡的工作岗位，两人都会分享《泰晤士报》上的填字游戏。他们中的一个人会先解答出一半，然后再把它交给另外一个人。

在这些小木屋中，每天都有一场"惊心动魄"的战争，那就是谁会第一个拿到《泰晤士报》。这种"惊心动魄"截然不同于获取密码破译结果的那种毁灭性的压力。庄园里有一个心照不宣的规则，要求人们把填字游戏抄写下来，这样无论谁下一个用报纸，那上面的填字游戏都是原封未动的。

填字游戏的狂热和密码破译者的思维之间存在着直接的联系，这种想法已经传到了大西洋彼岸。在战争期间，美国也有一个类似布莱切利庄园的机构，被称为阿灵顿厅（Arlington Hall），它位于弗吉尼亚州靠近华盛顿特区的地方。这个机构有一位新成员，他不单单是解答填字游戏的人，还是编制它们的人。

从十几岁开始，威廉·卢特温尼亚克（William Lutwiniak）便是一位严肃的隐喻字谜爱好者。他的激情以及为他赢得"密码"竞赛的过人天赋引起了当局的注意。

卢特温尼亚克回忆，在1941年美国参战前夕，"我收到了来自通信情报处（Signal Intelligence Service）威廉·弗里德曼（William Friedman）的一封信，他问我是否有兴趣报名参加关于密码学和密码分析的陆军扩展课程……有朝一日能够成为一名密码分析师是我梦寐以求的事情之一”，他继续回忆，“我从来没有想过这种事情真的会发生，我没有想过政府里会有这样的岗位”。

最后他是在高级密码破译员所罗门·库尔巴克（Solomon Kullback）手下工作，而库尔巴克自己也沉迷于隐喻字谜。在一场壮丽而隐秘的密码战争（战争的重点是德国密码）之后，卢特温尼亚克终于有机会去追求他真正渴望的职业，也就是全职设计报纸上的隐喻字谜。

英国的填字游戏也吸引了美国的密码破译者。出生在犹他州的弗兰克·W.刘易斯（Frank W. Lewis）在美国正式进入了密码分析领域。在战争即将结束的时候，他被派到大洋彼岸的布莱切利庄园。在庄园的那段时间里，他发现了英国隐喻字谜所具有的难以置信的复杂性。

最初是一种热情占据了刘易斯的（业余）生活，当他没有在破译敌方海军密码的时候，便会让自己沉浸在隐喻字谜设置者[①]使用的所有技巧和策略之中。当战争结束后，这位才华横溢的密码分析师返回美国，并且成了绝密的国家安全局

① 设计隐喻字谜的人。

（National Security Agency）中一位备受尊敬的人物。他引入了英国填字游戏的技巧，就像卢特温尼亚克一样，他也成了一位非常受欢迎的谜题设计师。他选择的出版途径是《国家》（*Nation*）这份报纸。

但这并不是说布莱切利庄园培养不出自己“原产”的填字游戏设计师。数学家肖恩·怀利（Shaun Wylie）在大学时曾对古典文学有所涉猎，而他那超凡的头脑能在不同学科之间无缝转换。

他是“8号小屋”最坚定的人物之一，致力于摧毁德国海军的密码，并且在后来成了重建后的政府通信总部（Government Communications Headqnaters）的高级官员。

怀利用神秘的笔名“佩蒂”（Petti）为《泰晤士报》设计隐喻字谜，并且从中获得了极大的满足感，也许这就很能说明问题。据说，这些谜题是当时为主流出版物设计的最为可怕的谜题。

一位布莱切利庄园的密码破译者回想起大约75年前他在庄园度过的时光，认为破解“恩尼格玛”密码需要一种“双重思维模式”，而这对于隐喻字谜来说是必不可少的。他说，一个人必须既全神贯注，又轻松自如，因为没人能够在一把上了膛的枪正顶着脑门的情况下解开一个晦涩的谜题。

尽管战争年代的隐喻字谜与现在受人喜爱的那些非常相似，但有一种看法认为，这些过去的谜题可能会让如今这一代人焦头烂额。语言上的回文和跳跃并没有太多不同，但那时候的解谜者还需具有一定深度的知识。这些是和文化、古典以及圣经有关的综合知识，而现在它们可能已经不那么普及了。

菲尔·麦克尼尔（Phil McNeill）是《每日电讯报》近年的一位谜题编辑，在谈到1944年诺曼底登陆日前后该报出版的填字游戏时，他说："它们无疑更加多种多样。综合性知识的线索就在字谜的边上；在引文的旁边可以发现谜语或是晦涩难懂的定义。"

"跟今天一样，"他继续说道，"字谜中有隐藏的单词、同音异义字、双重定义和双关语，但形式上要更加放得开。这是一个非常复杂的情况。我发现尝试着像一个20世纪40年代的解谜者一样思考十分有趣。他们是不是比我们更加精通文学？那些编制谜题的人确实喜欢他们富有诗意的引文。他们是不是更加擅长横向思维？其中一些谜题确实需要想象力的飞跃。有一些答案你可能从来都没有碰到过。"

除此之外，在再版某些过去的谜题时，麦克尼尔先生还面临着一个特殊的文化顾虑：一些线索中包含的措辞在今天被认为是非常无礼的。他说："有一件事我们今天不会去做，因为我们对可能出现的种族歧视更加敏感，或者说我们没那么粗鲁。”

抛开过时的术语不谈，英国和美国密码破译当局都非常清楚，填字游戏可能有助于更广泛的密码战争活动。填字游戏可以提高思维方式的敏锐度，还可以在压力巨大的轮班之后作为一种放松的手段。

填字游戏也可以以更隐晦的方式来使用。资深密码破译者迪利·诺克斯有时会将谜题作为一种隐喻，向他手下的新人说明他们手头的工作。这些新人在布莱切利庄园的“村舍”工作，那是一个在马厩旁边的小房子里设立的研究部门。顺便说一句，诺克斯的兄弟罗纳德（Ronald）是个跟他一样聪明的人，而罗纳德就很喜欢炫耀自己的填字游戏水平。他曾经激怒了伊夫林·沃（Evelyn Waugh），因为他解出了一个隐喻字谜上所有“横栏”的答案。之后，他甚至没有看提示就正确地填写了“竖列”的答案。

与这一部分内容相关的一些战争时期的经典填字游戏都是被精心挑选出来的，日期选自布莱切利庄园那些特别幸运的日子，诸如破解关键密码的日子，以及布莱切利庄园对战争转折产生了直接影响的日子。即使刚刚经历了最折磨人、最令人崩溃的通宵值班，像斯图尔特·米尔纳-巴里这样的密码破译者还是迫不及待地想要破解这些谜题。这些填字游戏不仅是一种令人愉快的测试，也是深入了解破解它们的年轻头脑的一种方法。

—··· ·—·· · — —·—· ···· ·—·· · —·——/
·——· ·— ·—· —·—/—··· ·—· ·— ·· —· — · ·— ··· · ·—· ···
—··· —·——/
··· ·· —· —·—· ·—·· ·— ·· ·—·/—— —·—· —·— ·— —·——

Chapter 6

棋盘战争

他们的国际象棋对弈计算机项目被称作“马基雅维利”（Machiavelli）。尽管他们的机器很原始，但他们在智力上的雄心壮志令人目眩。毕竟，那时的计算机有橱柜那么大，足可以塞满整个房间，而且到处都是错综复杂的线路。哪怕只是发明了一台能够提前“想到”一步棋的机器，这也是一项非凡的成就。

以下是科奈尔·休·奥多内尔·亚历山大（Conel Hugh O'Donel Alexander）的话。他称得上是带领英国安全度过大西洋战役最艰难时刻的人。他写道："我的经验是，在国际象棋中很难输得优雅体面。"

"这是因为国际象棋完全是一种技巧游戏，"接着他说道，"手上的牌对自己不利，或是球在草地上要比在硬地球场上滚得慢，抑或是在正要接球的时候，阳光晃到了你的眼睛……你不能用类似的想法来安慰你受伤的虚荣心。你的失败不能归咎于任何外部影响，你就是自己垮台的唯一原因。"

他写过几本专门研究国际象棋艺术的书，在其中一本中，休·亚历山大写下过这句话。当然，对文中的"国际象棋"，你也可以把它改成“密码破译”。这是因为在他任何一本关于如何下国际象棋的书中，休·亚历山大都小心翼翼地避免提及他曾是布莱切利庄园最耀眼的明星之一。

他还小心翼翼地避免提到这样一个事实，那就是当时英国其他几位优秀的国际象棋锦标赛棋手也曾在布莱切利庄园工作过。国际象棋实际上是这个机构的脊梁骨。书中的谜题集也包含了以国际象棋为主题的谜题，其中包括休·亚历山大自己设置的难题。对那些不太熟悉这个游戏的人来说，本章节也准备了方便的新手指南。

引人注目的是，那些为战争时期密码破译中心网罗人才的人很早就知道，他们必须去探察一下国际象棋的世界。

正如乔治·阿特金森（George Atkinson）在《国际象棋和机器直觉》（*Chess and Machine Intuition*）一书中写的那样：“（主管阿拉斯泰尔）丹尼斯顿明白，国际象棋选手往往能够成为优秀的密码学家……这两种活动都依赖训练有素的直觉，也就是在特定情境中识别出规律的能力。”

这也就难怪“政府代码暨密码学校”（缩写为GC&CS）会被戏称为“高尔夫、奶酪和国际象棋协会”（Golf，Cheese and Chess Society）了。

在这些为第二次世界大战挖掘出来的国际象棋大师当中，

休·亚历山大在他年轻时曾获得过少年组冠军，斯图尔特·米尔纳-巴里以及哈里·戈隆贝克（Harry Golombek）也是如此。当然，他们之所以是合适人选的全部原因都可以在休·亚历山大上面的话中找到。在面对“恩尼格玛”以及其他德国密码变体时，密码分析师们不仅要拥有智力，还需要侵略性、机敏、某种恶作剧似的兴奋以及强烈的好胜心。

和休·亚历山大一样，斯图尔特·米尔纳-巴里也在20世纪20年代的国际象棋中成为一位“男孩冠军”，并且他们俩在读大学期间就互相认识了。事实上，当战争在1939年9月3日爆发时，他们俩正在阿根廷参加一场国际象棋锦标赛。当时他俩立刻就放弃了比赛，搭乘一艘令人毛骨悚然的荒废游轮回到了英国。不久之后，他们俩就接到了布莱切利庄园打来的电话。

虽然真的不应该这样谈论战争，但米尔纳-巴里后来承认他和休·亚历山大度过了一段愉快而舒适的时光。密码破译问题真的跟国际象棋很像。米尔纳-巴里说：“对休和我自己来说，这就相当于参加了5年半的锦标赛。”

在休·亚历山大接替艾伦·图灵成为“8号小屋”负责人的时候，米尔纳-巴里也成了“6号小屋”的头儿。“8号小屋”负责处理德国海军的“恩尼格玛”密码，而“6号小屋”

则负责处理德国陆军和空军密码。此前在竞争激烈的国际象棋世界中，他们都学到了一个有价值的原则，这个原则就是如何去轻视最强烈的压力，同时把这种压力作为一种激发思维的手段。

把尚未完成的国际象棋的棋步具象化的能力，预见对手可能会采取的行动的能力，找出一个看似无法解决的问题的潜在解决方案的能力，这些都是国际象棋棋手军械库中的武器。

艾伦·图灵在某种程度上是布莱切利庄园最具独创性的思想家，有鉴于此，他不太擅长国际象棋就很引人注目了。他的同事彼得·特宁回忆说，有时在下班之后，他们会回到特宁在镇上的寓所去下棋。特宁经常获胜，而他绝对谈不上是国际象棋游戏中的高手。

尽管如此，从另一种意义上来说，这个游戏确实对图灵的想象力产生了有力的影响。在战争结束后不久，当图灵正致力于实现他有关一台能思考的机器的梦想时，他设计了一个在当时看来非同寻常的计算机程序，来让这样一台机器下国际象棋。这个项目被称为“图罗冠军”（Turo-Champ）。现如今，这似乎是一个司空见惯的设想，但在1950年之前，它就是科幻小说般的想法。

图灵还和其他一些之前从事密码破译工作的同事展开了

竞争，这些人在战争结束后回到了牛津大学从事学术工作。肖恩·怀利在20世纪50年代应邀担任了新的政府代码暨密码学校的数学主管，并因此被拽回了那个隐秘的世界。而此时，怀利正在和另一位布莱切利庄园的退伍老兵唐纳德·米基（Donald Michie）一起研究自己的计算机国际象棋程序。

他们的国际象棋对弈计算机项目被称作“马基雅维利”（Machiavelli）。尽管他们的机器很原始，但他们在智力上的雄心壮志令人目眩。毕竟，那时的计算机有橱柜那么大，足可以塞满整个房间，而且到处都是错综复杂的线路。哪怕只是发明了一台能够提前“想到”一步棋的机器，这也是一项非凡的成就。

怀利和图灵对他们的程序的可能性相当感兴趣，并且他们都认为计算机可以在一场国际象棋挑战赛中去直面竞争对手。机器如何跟机器下棋呢？在任何可能的意义上，这会不会产生一个证据，而它将证明这一大堆电路能够“想通”一个问题？

通过往来通信，这两个人创建了游戏。事实上，他们的机器也确实“想”出了一些棋步。为了让它们能够下棋，需要花费时间来设置它们，这就是唯一的困难。我们的手机一眨眼工夫就能表演一个电子奇迹。在这样一个时代，我们很难去想象计算机还是奇异装置的时期。那时的计算机又吵又热，还能闻到机油和热离子管加热的味道。而且，当时给计算机编程也是一项非常耗时的工作。下一步棋可能需要好几个星期，甚至好几个月。在“哄骗”着“图罗冠军”下了几步棋之后，图灵首先放弃了这次比赛，他因为耗时过长而感到灰心丧气。

抛开这些机器不谈，图灵恰巧也喜欢把国际象棋作为一种放松手段。与此同时，其他人似乎也乐于接受他的挑战，让他们的才智和图灵那非凡的天才相抗衡。布莱切利庄园最令人敬畏的冠军中的一位向图灵发起了比赛挑战。在“二战”前，出生于伦敦南部的哈里·戈隆贝克就已经被确认为世界上最聪明的国际象棋天才之一，因此他自然而然地被招募到了这个密码世界。在他们的棋盘比赛中，戈隆贝克给图灵放了一点水，但即便如此，图灵还是从来没有赢过比赛。

这些国际象棋棋手的一个吸引人之处在于，他们的出身背景各不相同。戈隆贝克的父母是俄罗斯犹太人，在世纪之交之时，他们在伦敦南部开起了自己的食品杂货店。米尔纳-巴里和休·亚历山大则出身于英格兰中部的中产阶级。然而，在战前、战时和战后的许多年里，他们都保持着极其紧密的联系。

虽然在布莱切利庄园进行的密码破译显然是一个深藏的秘密，但是伊恩·弗莱明（Ian Fleming）恰巧知道这个秘密。这位詹姆斯·邦德（James Bond）的创造者在整个战争期间都在海军情报部门工作，他是布莱切利庄园之外为数不多的几个被允许参与密码破译活动的人。弗莱明对国际象棋和密码之间的联系很是着迷。1953年黑斯廷斯国际锦标赛（Hastings International Tournament）所引起的轰动深深吸引着他。

那一年是苏联国际象棋宗师大卫·布朗斯坦（David Bronstein）和亚历山大·托鲁什（Alexander Tolush）第一次来英国下棋。他们发现自己面对的是休·亚历山大这位从始至终都很有趣的人物。

新闻报纸连篇累牍地报道了休·亚历山大和两位国际象棋巨人的比赛，但它们对休·亚历山大绝密的影子事业一无所知。这个影子事业就是他正在破译苏联人的密码。当休·亚历山大击败他们两人时，他在全国范围内引起了一场并不算太大的轰动。

很显然，在这次比赛中，弗莱明发挥了他充满创造性的想象力，因为在他1957年的邦德小说《俄罗斯之爱》（*From Russia with Love*）中有这样一个场景：在遭到克格勃（KGB）特工罗莎·克莱布（Rosa Klebb）的传唤时，一位苏联的国际象棋冠军兼密码学家努力把注意力集中到一场紧张的锦标赛上。

现实中，休·亚历山大和苏联人之间的斗争显然是小说灵感的来源，而那正是一场在棋盘上进行的冷战斗争。

休·亚历山大那表面上的漫不经心是在战争期间以自己的方式保持神志清醒的手段，也是他和其他国际象棋棋手共有的一个特点。否则，“8号小屋”中的生活简直会让人无法忍受。当德国U型潜艇把宝贵的生命和货物送入海底时，休·亚历山大和他的团队不断承受着来自唐宁街（Downing Street）的压力。唐宁街要求他们破解德国U型潜艇的密码，并确定它们的位置和航线。

下国际象棋的能力也依赖快速打开脑力开关的能力。处理手头的问题时要全神贯注，但在休息时能把它抛在脑后也是很重要的。最重要的就是能够放松和大笑。休·亚历山大和斯图尔特·米尔纳-巴里在这方面有一点优势，因为他们住在“慕通之肩”（Shoulder of Mutton）酒吧，这是布莱切利庄园最讨人喜欢的老酒吧之一。在这里，他们可以享受美味的当地啤酒，以及女房东那看上去十分美味的菜肴。

在战争的后几年里，另一位国际象棋爱好者唐纳德·米基正致力于“巨像”的工作。唐纳德出生在仰光，他在展现了令人惊叹的快速学习日语的能力后，来到了庄园。“巨像”就是那台本质上开启了计算机革命的密码“粉碎”机。对米基来说，国际象棋不仅仅是一种游戏。一台会下国际象棋的计算机能够产生怎样的可能性？跟他的同事们一样，米基也花费了大量时间来思索这个问题。它不仅是机械上的手段或策略，还关乎此种飞跃下一步可能会走向何处。战争结束后的几年，米基成为一位颇有名望的杰出科学家，他和他的妻子在开创体外受精的概念和技术方面发挥了至关重要的作用。

对国际象棋的热情并不局限在布莱切利的男性密码破译者身上。另一个沉迷其中的人是“8号小屋”的琼·克拉克，后来她在很短一段时间里做过艾伦·图灵的未婚妻。除了对国际象棋的极大热爱之外，棋盘上的友好竞争可能也是她展示聪明才智并无男女之别的有力武器。

在主屋和“2号小屋”里都能找到棋盘。其中，“2号小屋”是专门留出来用来娱乐和喝啤酒的。实际上，琼·克拉克正是通过国际象棋才得以更好地了解艾伦·图灵，他们之间的关系是真正意义上的心有灵犀。

令人啼笑皆非的是，在战争后期，布莱切利庄园的国际象棋俱乐部是这个国家最顶尖的。具有讽刺意味的是，在俱乐部的对手中，没有人确切地知道这些出色的棋手在战争中是如何度过的，因为他们没有得到批准。在1944年12月，布莱切利庄园国际象棋俱乐部正在寻找新的挑战，于是他们找上了牛津大学的队伍。布莱切利国际象棋俱乐部理所当然地获得了胜利。考虑到庄园的绝密状态，牛津大学的教师们对俱乐部的这场胜利一定有些疑惑不解。特别是，正如作家克里斯托弗·格雷（Christopher Grey）所指出的那样，他们一定想知道白金汉郡一个以制砖业闻名的小镇怎么会恰巧就隐藏着一群非凡的国际象棋天才。

与此相关的谜题虽然明显不是宗师级别的题目（因为这不公平），但它们的棘手程度也足以让我们深入地了解密码破译者们的战术、策略甚至是他们那咄咄逼人的狡黠。国际象棋和密码学一样，都是他们无法忍受失败的游戏。

即使之前从未下过国际象棋，你仍然可以解开与此相关的所有谜题。如果你对每个棋子那错综复杂的移动方式比较生疏，或者你以为西西里防御[①]（Sicilian Defence）是一种异域风情的鸡尾酒，不要担心！本书会提供所有方便解谜的信息。

① 一种历史悠久的国际象棋开局下法。

—··· ·—·· · — —·—· ···· ·—·· · —·——/
·——· ·— ·—· —·—/—··· ·—· ·— ·· —· — · ·— ··· · ·—· ···
—··· —·——/
··· ·· —· —·—· ·—·· ·— ·· ·—·/—— —·—· —·— ·— —·——

Chapter 7

来自法老陵墓的密码

研究埃及的谜团是取得布莱切利庄园职位的一条特殊途径。这方面的学者和学生被认为是破译德国密码的合适人才。他们擅长阅读和破译法老陵墓墙壁上那些古老的象形文字。这些象形文字包括鸟、猫、人物侧影以及长着鬣狗头的神灵。

在世纪之交，考古学家亚瑟·埃文斯（Arthur Evans）第一个发掘出了数以千计的泥板文书。这些泥板文书被埋藏在克里特岛那炽热的尘土之下，它们上面还有一种所有学者都不知道的语言。在之后更多的考古发现中，它们揭示了一种虽然类似，但已经演化了的语言。这些泥板文书被称为“线形文字A”（Linear A）和“线形文字B”（Linear B）。解密这些神秘的文字就像是获得了爬进时间机器的能力，能够一瞥一个早已消失得无影无踪的世界。

最重要的一点是，这是一项密码破译的任务。一位名叫迈克尔·文特里斯（Michael Ventris）的年轻古典学家开始沉迷标题是“线形文字B”的泥板文书。“线形文字B”是一种象形文字和手写字母的混合体，被认为就是迈锡尼希腊语（Mycenean Greek）。

在20世纪50年代初期，文特里斯在一定程度上凭借他对地名的直觉破解了这一古代语言，他也因此成为一位几乎家喻户晓的人物。十分有趣且值得注意的一点是，他获得了一位名叫约翰·查德威克（John Chadwick）的学者的热情帮助。查德威克在布莱切利庄园钻研日语密码时，曾训练和提升了自己的密码破译技巧。

与这一部分内容相关的谜题是为了展现一个布莱切利庄园的招募技巧而制定的，而这一技巧在很大程度上是无人知晓的，那就是去寻找像印第安纳·琼斯（Indiana Jones）那样的人。他们能够调查古代的莎草纸，或是石头上的神秘雕刻，并重新唤醒它们早已被遗忘的含义。

研究埃及的谜团是取得布莱切利庄园职位的一条特殊途径。这方面的学者和学生被认为是破译德国密码的合适人才。他们擅长阅读和破译法老陵墓墙壁上那些古老的象形文字。这些象形文字包括鸟、猫、人物侧影以及长着鬣狗头的神灵。

这就是发生在一个名叫亚力克·达金（Alec Dakin）的年轻人身上的事。“在1940年4月，也就是‘假战争’①

① 指二战开始后英法对德国宣而不战的状态。

（Phoney War）差不多快要结束的时候，卡姆登古代史教授[①]（Camden Professor of Ancient History）休·拉斯特（Hugh Last）把我叫到了他位于牛津大学布雷齐诺斯学院的办公室中，”达金写道，“他用一种旁敲侧击的方式向我解释说，有一些重要但高度机密的战争工作需要人去做，而我对古代语言和埃及古物学（Egyptology）的研究使得我可能是一个合适的人选。”这种适宜性让他沿着当时从牛津直通布莱切利庄园的铁路线一路飞驰而去。

其他埃及古物学家也加入了密码工作，其中包括保罗·史密斯（Paul Smither，不幸于1943年死于白血病）和约翰·巴恩斯（John Barns）。这些人已经习惯了处理早已绝迹的古代符号和语言，并且试图让它们起死回生。

在被指派到布莱切利庄园之前，他们要面对的是诸如罗塞塔石碑（Rosetta Stone）含义这样的谜题。罗塞塔石碑是公元前150年左右托勒密王朝（Ptolemaic dynasty）的一项法令，它被用古埃及语和古希腊语刻在黑色花岗闪长岩上。这件非同凡响的手工制品是在1799年被发现的，它正是破译神秘的象形文字的法门。罗塞塔石碑是一种失落的语言的答案，也是一个失落的世界的答案。从某种意义上说，埃及古物学家既是密

① 牛津大学历史学的一个教授席位。

码破译者，也是时间旅行者。在这一点上，他们延续了一种优良的密码破译传统。毕竟，用已灭绝语言书写的古代文字是一个高度专业化的领域，而这个领域是属于阿尔弗雷德·迪伦（迪利）·诺克斯的。

在1909年，当诺克斯还是国王学院一名年轻的古典学者时，他把破译希腊诗人赫罗达斯（Herodas）遗留下来的莎草纸碎片当成自己的工作。由于他研究的是古代的残迹，这不仅需要深厚的语言学知识，而且需要一种充满想象力的天赋。在莎草纸文本的空白处充满了可能性，如果一个人能够让自己的思维徜徉其中，那么他就有可能揭示整个文献。

赫罗达斯编织的故事本质上是丰富多彩的。对于诺克斯来说，这也许让这个特别的谜团变得稍微容易了一点。从奴隶制度到性，从妓院到鞭笞，这些故事无所不包。诺克斯在位于布卢姆斯伯里的英国国家图书馆（British Library）的阅览室里花费好几个小时、好几个星期乃至好几个月的时间来研究这个古老的难题。这项工作使他适应了与密码破译者类似的天赋，也就是天马行空的、富有想象力的猜想工作。1914年，诺克斯第一次被从大英图书馆拉到了英国海军部；他被要求进入情报局25号密码部门，也就是声名赫赫的“40号房间”。他凭借着学术和家庭的关系得以入选，可见密码破译一直是一个关系密切的圈子。

正是在白厅这些布满灰尘的走廊和房间里，诺克斯的种种怪癖开始形成，并且变得越来越顽固。举例来说，在某个走廊的尽头处有一个浴缸（原因不明），而诺克斯会在水里泡上几小时，苦苦地思索一个密码学问题。

偶尔他还会被看到正一丝不挂地站在浴缸里，好像忘记了要坐下去一样。

埃及古物学家和谜题之间的联系再一次变得紧密起来。第一次世界大战爆发后，英国的各个角落都建起了密码破译机构，而那种紧密联系和热情对密码破译来说，正是一份巨大的礼物。1919年，许多密码分析师离开政府机构，回归平民生活，他们留下来一本手工制作的剪贴簿（很遗憾，现在它已经丢失了），里面充满了用各种语言写成的谜题，还有涉及古埃及象形文字的谜题，这些谜题都是他们自己设计的。

与此同时，一个存在了几个世纪的谜题在美国浮出水面，而它是以一本相当迷人的书的形式出现的。在1912年，一位古董书商偶然间找到了一件非同寻常的珍宝。这是一本丰富多彩的中世纪图书，书中满是各类药草的插画。这部书用一种密码语言书写，甚至没有人能够着手破译它。这本神秘之书的内容花了很多年才流传开来，而随着它的传播，大西洋两岸的密码破译者开始对它如痴如醉。终于，在大约30年之后，布莱切利庄园高级密码破译者约翰·蒂尔特曼准将和他在美国密码破译部门（位于阿灵顿大厅）的同行们一起不遗余力地破解了这个精妙的谜团。

这是因为尽管对于摧毁纳粹主义以及影响未来的道路来说，“恩尼格玛”密码是一种迫切的需要，但后来被称为“伏尼契手稿”（Voynich manuscript）的文稿中的密码则提供了一种非同寻常的可能性，那就是完全重写西方的历史。

正如蒂尔特曼所写的那样，这个谜团开始于1912年。当时身在意大利的威尔弗雷德·伏尼契（Wildred Voynich）获得了一本200多页的牛皮纸书。事实证明，这个手稿上的密码超出了他的能力范围。蒂尔特曼写道：“从1912年到1919年，伏尼契试图引起欧洲和美国的学者对破解这份手稿的兴趣，同时也试图去确证这份手稿的来源。”

这本书是突然出现在历史记录之中的，一份有关它的记录可以追溯到1666年。当时，一位名叫约翰尼斯·马库斯·玛尔西（Joannes Marcus Marci）的大学校长把它从布拉格寄往罗马，送给了一位名叫亚他那修·基歇尔（Athanasius Kircher）的同辈学者。有人指出，玛尔西是一位埃及象形文字方面的专家。

“这本书是我的一位亲密挚友遗赠给我的，而我注定要把它送给你，我亲爱的亚他那修，”玛尔西在随书的一封附信中写道，“因为我确信，除了你以外，没有人能够读懂它……这本书之前的主人向你征询过看法……为了破译此书，他付出了不懈的努力……至死不渝。”

不过，这本书的历史被追溯到了更早的时候，而揭示它神秘面纱的尝试也是如此。在16世纪，它显然是属于波西米亚国王鲁道夫（Rudolph）的。书上附带着药草和植物的精美彩绘，以及用来挑逗鲁道夫国王的外来语言。

这是一部不可思议的作品，它有着谜一般的美。那么，谁会被认为是它的作者呢？一个早期的理论认为，这本书可以追溯到13世纪，是英国学者罗杰·培根（Roger Bacon）的著作。然而，这个文本显然暗示了一些技术上的发展，而培根是不可能知道这些技术进步的。对，一无所知，除非这些知识以某种隐秘而又与世隔绝的形式存在着。

书商威尔弗雷德·伏尼契毫不避讳地强调他发现的手稿的神秘之处，并且他还据此把书的价钱定得很高。“一旦时机成熟，”他对媒体说道，“我将向世界证明，中世纪的黑魔法存在于一些发现之中，而这些发现要远远早于20世纪的科学。”

这样的“猫薄荷”[①]让专家们垂涎三尺，特别是那些密码学家。威廉·纽伯德教授（Professor William Newbold）就在第一批申请被准许研究这本书的人之中，他在宾夕法尼亚大学教授有关道德和智力的哲学。

到了1921年，他声称自己已经破解了一部分密码。在这之后，他更进一步宣称，这本书确实证实了罗杰·培根所写的科学在13世纪是无人知晓的，这一点令人深感不安。

纽伯德教授声称，尽管在培根的时代还没有望远镜，但他所做的部分解密工作指向了一种先进的天文学工作知识。他还声称，其中一幅插画描绘了仙女星座的旋涡星云。

埃蒙·达菲（Eamonn Duffy）在最近一篇关于伏尼契手稿的文章中写道：“美国的密码学界……充斥着阴谋论，以及对古代文献中隐藏着神秘事物的迷思。”

到了20世纪30年代末期，这本书引起了威廉·弗里德曼的注意，此人是美国最重要的密码天才。当他没在领导团队破解俄国人和日本人的加密信息时，他越来越沉迷于这部手稿。书中迷人的插画囊括了从占星轮盘到胚胎的万事万物。还有那些文字本身，它们和人们认识的语言相似得让人恼火，但是之后再看第二眼的话，它们又被证实是彻底看不懂的。

---

① 指令人痴迷之物。

阴谋论有所抬头。跟这本书的实际成书年代一样，纽伯德教授所宣称的部分解密工作也被证明是错误的。它被确证是一部15世纪的作品，比罗杰·培根晚了将近200年。但是这只会激发人们的猜测，比如，有没有一种可能，列奥纳多·达·芬奇（Leonardo da Vinci）会是这件艺术品的神秘作者？

即使这些猜测有答案，那也只能在晦涩难懂的语言中找到它。随着威廉·弗里德曼越来越专注于此，他在弗吉尼亚州阿灵顿大厅密码破译中心的同事们也被吸引了过来。毫无疑问，一个600年前的密码不可能胜过这些20世纪最优秀、最敏锐的头脑，不是吗？

正是本着这样一种精神，弗里德曼在战后转而求助布莱切利庄园的蒂尔特曼准将。虽然蒂尔特曼正全神贯注地把布莱切利庄园改造为一个和平时期的密码破译部门，但他还是忍不住把休息时间花在了思索伏尼契的挑战上。在未来的许多年里，他都在苦思冥想这个问题。

他没有时间去理会纽伯德教授的理论。但是他有点被莱昂内尔·斯特朗博士（Dr. Leonell Strong）的论文所打动。斯特朗博士一直在研究这份手稿中特定的一页，它的主要内容是一幅美丽的向日葵插画。斯特朗博士声称他已经破译了一些段落，它们是以中世纪英语的形式出现的。蒂尔特曼说他理解不了斯特朗博士破译方法的逻辑，并且“他的‘中世纪英语’是学者们所无法接受的”。不过有一点引起了蒂尔特曼的关注，那就是斯特朗博士认为这本书的作者是16世纪一位名叫安东尼·阿斯卡姆（Anthony Askham）的“内科医师和牧师”。

在深入研究密码可能性的同时，蒂尔特曼在各个大学图书馆中搜寻着任何关于阿斯卡姆作品的例子。他想到了16世纪一本名叫《班克斯的药草》（*Banckes's Herbal*）的书，这部书被认为是阿斯卡姆的著作。书的引言部分写道：“取少许草本之药材，辅以书末新增订之内容，便可言明何种药草对特定之星辰星座有何种影响。由此，便可凭皓月于苍穹之天象，择选药草生效之良辰吉日……”

在布莱切利庄园里，蒂尔特曼准将最惹人注目的是他如饥似渴的学习欲望。他对伏尼契手稿的探索也使他走上了同样意想不到的道路。他向他的朋友弗里德曼报告说，他对密码的文本分析使得这个迷宫变得更加复杂了。蒂尔特曼后来写道：“我相信，我的分析表明了这个文本不可能是用单个符号替换掉自然排序的字母的产物。语言根本就不会以这种形式表现出来。”

那么这本书到底是关于什么的呢？蒂尔特曼和弗里德曼进一步探讨了这个问题。弗里德曼的理论是“失落的天使之语”

（lost language of the angels）的一个更具体的版本，它出自伊丽莎白时代的数学家、天文学家和神秘学家约翰·迪伊博士（Dr. John Dee）之手。弗里德曼一直在想着一个叫凯夫·贝克（Cave Beck）的人。在17世纪，此人是伦敦英国皇家学会的一位成员，他痴迷于构建一种跨越所有国界和文化的“通用语言”。凯夫·贝克曾在1667年写道：“在本世纪最后的几年中，许多有学问的人都在谈论和期待着找到一种通用的字符。”

差不多在同一时期，同样痴迷这种“通用语言”的还有一位比德尔主教（Bishop Bedell）。根据记载：“……主教发现这个人机智善变，并且能力超群……此人向他提出了一种通用字符的构成方式，所有国家都能够同样地、完全地理解它；他向主教说明，既然算术、几何学和天文学都已经拥有了一种通用的数学字符，那么构建另外一种也不是不可能。”

与此同时，蒂尔特曼把注意力集中到了书中的药草和占星术上，这把他带进了古代彩色手工绘本的精美世界。公元63年的希腊园艺家克拉特阿斯（Krateuas），以及于公元500年左右写就的罗马的《阿尼西亚·朱莉安娜药典》（*Anicia Juliana Codex*）都描述了植物的医学用途。然而，即便在探索这些古代手稿以及后来的中世纪药草书籍时，蒂尔特曼还是无法找到它们与伏尼契手稿之间的任何联系。

“据我所知，”他写道，“没有任何人看过这一时期的任何一本书，当然也没有任何一本带插画的书能涵盖这本书中插画所表现出的宽广范围。”

除此之外，他还被迫得出结论：“到目前为止，还没有确凿的证据表明这部手稿不是出自罗杰·培根之手，或不是他某部作品的副本。”事实上，几十年后，人们对伏尼契手稿进行了碳元素测定，证明了它是15世纪的产物。但正如蒂尔特曼所说，这并不排除这本书是一部早期文本的复制品。

这部现存于耶鲁大学图书馆中的手稿还有另外一个有趣的特点。最近有人指出，对于一部药草名录来说，这本书存在着一个巨大的缺陷，那就是所有药草插画都与任何真正的药草相去甚远。这不仅是因为这些插画可能是某种仓促之作，还可能是因为它们是浮夸的想象力的产物。为数众多的植物根茎上都摇曳着蕨类植物的叶子，这是根本不可能的。如果这些不是真实的植物，那么它们本质上是关于什么的呢?

伏尼契手稿仍然是一个谜，它继续逗弄着全世界各地的学者和理论家们，并且在它的启发之下，诞生了几部当代小说作品。最终，蒂尔特曼和弗里德曼也没能解开它的秘密。不过，他们锲而不舍地追寻所有线索，这正是密码分析师典型的思维方式。这里至关重要的一点是展现密码破译者们应对历史挑战的方式，以及随之产生的数量惊人的学术成就。无论是钻研错综复杂的古代埃及社会，还是研究中世纪思潮中的曼德拉草根的象征意义，布莱切利庄园的密码破译者们都象征着人类最纯粹的好奇心。

因此，与此相关的谜题旨在复制这些历史悠久的谜题中所固有的乐趣。它们是带有线索和密钥的象形文字，不仅能刺激眼睛和想象力，而且暗示了一种新的（尽管不可能是古旧的）看待语言和交流的方式。这些符号是真实的。在文明的发源地之一，思想就是这样被传播的。密码破译者们明白，拥有解读出土文字的能力也是为了接近一种近乎神秘的能力，也就是通过古人的眼睛去看东西。他们知道，无论何时，无论阅读何种形式的语言，这都会主动塑造和改变这个世界。

-··· ·-·· · - -·-· ···· ·-·· · -·--/
·--· ·- ·-· -·-/-··· ·-· ·- ·· -· - · ·- ··· · ·-· ···
-··· -·--/
··· ·· -· -·-· ·-·· ·- ·· ·-·/-- -·-· -·- ·- -·--

Chapter 8

音乐和大音乐家

那么，对音乐的感觉如何能与密码的天赋融为一体呢？早在20世纪20年代，密码学家就开始探索思维的工作方式，以及某些类型的智力是如何对旋律优美、结构严谨的作品做出反应的。同一时间，他们在莫斯科的苏联同行也注意到了这种音乐上的相关性。

在布莱切利庄园的密码破译者中，有很大一部人是与生俱来的音乐天才，这也是庄园最奇特的地方之一。这不仅仅意味着他们唱歌在调子上，而且他们中的许多人都有一种非凡的能力，可以理解和感受音乐的韵律和结构。因此，与此相关的谜题不仅会反映这一点，还会让我们领略一些作曲家在交响乐中有意加入的历史密码，他们会让朋友们在美妙的音乐中来破译这些信息。

在布莱切利庄园中有着丰富的音乐，这确实非常特别。资深密码学家戈尔登·威尔奇曼回忆道，在一个夏日的晚上，他在下班后正沿着大联盟运河边的小路散步。傍晚时分，玫瑰色的晚霞中弥漫着令人惊叹的中世纪式的唱诗班和声。他转过一个拐角，在那浓重而温暖的光线中，他看到一群密码破译者聚集在水边，正在唱着牧歌。

布莱切利庄园年轻的新成员的生活中洋溢着新的和旧的旋律；许多住在沃本修道院的“鷦鷯”都酷爱格伦·米勒（Glenn Mille）的声音。实际上，当他在附近的贝德福德举办音乐会的时候，在遍布全国各地的密码破译分站里，那些“鷦鷯”都极度渴望去看他和他的乐队。

在布莱切利庄园也有更多阳春白雪的音乐品位。在战争中期，本杰明·布里顿（Benjamin Britten）的搭档、男高音歌手彼得·皮尔斯（Peter Pears）和钢琴家迈拉·海丝（Myra Hess）就曾应邀来到布莱切利庄园演出。对于庄园是什么，或者他们的年轻观众从事的是什么工作，两位艺术家一无所知。

除了提供具有欣赏能力的观众之外，布莱切利庄园也拥有非常多的音乐天才，而这些男男女女将会在战后英国的文化景观中占有显著地位。其中就有詹姆斯·罗伯逊（James Robertson），他曾经管理过布莱切利庄园合唱团（Bletchley Park Choral Society）。在被征召到密码破译机构之前，他就已经在英国皇家空军中加入了战争。战争中断了他的管弦乐生涯，后来他去了伦敦，成了沙德勒之井（Sadler's Wells）芭蕾舞团的音乐总监。

还有一位年轻的作曲家，他在1943年被英国皇家空军征召入伍，当时他年仅18岁。之后，他又被调到布莱切利庄园执行日语密码的破译任务。此人便是詹姆斯·伯纳德（James Bernard）。作为一位有前途的年轻人，他一直与本杰明·布里顿保持着音乐方面的联系。他在布莱切利庄园研究“紫色”密码[①]（Purple ciphers）的工作非常有价值。战后，他终于得以自由地加入皇家音乐学院。仅仅在数年之后，他就创作了许多优秀的电影配乐，其中就包括哈默恐怖电影[②]中的脉动式打击乐。他的职责便是让电影院里的观众们只敢从手指缝中窥视《德古拉：黑暗王子》[③]（*Dracula: Prince of Darkness*）、《弗兰肯斯坦必须毁灭》[④]（*Frankenstein Must Be Destroyed*）以及《魔鬼出击》（*The Devil Rides Out*）。

更多电影配乐出自赫伯特·默里尔（Herbert Murrill）之手，他是一位备受欢迎的情报部门特工。他在战前就曾为两部影视剧提供过配乐。然而，他真正酷爱的是更为宏大的管弦乐和管风琴作品，在战争结束后，他又回到了这一领域。实际上，即使是在战争期间，他也被赋予了一些管理英国广播公司

① 二战期间日本外务省使用的密码，美军给它起了个代号叫“紫色”密码。
② 英国著名恐怖电影制作公司。
③ 又名《黑暗中的王子》。
④ 又名《致命科学怪人》。

（BBC）管弦乐队的责任。好在乐队所有成员都被疏散到了贝德福德郡；他离那里不远，因此可以确保乐队成员跟得上排练。

虽然音乐对布莱切利庄园来说是如此随处可见，但它仍然带来了一些惊喜时刻。两位年轻的名媛刚来到庄园，还正在适应这里种种古怪的行为。有一次，她们路过一顶搭建在小屋附近的卡其布帐篷时，从里面传来了弹奏钢琴的声音。那琴声美妙动听，感人至深。当两人向里看，想弄清楚到底发生了什么事情时，她们看见了一位名叫威尔弗雷德·邓威尔（Wilfred Dunwell）的士兵正在弹奏钢琴，而他最近才被征召去进行密码破译。邓威尔并不仅仅是碰巧拥有这方面的天赋，他也是圣三一音乐学院的一名教授，后来他还写了一本名为《音乐与欧洲思想》（*Music and the European Mind*）的书。在白金汉郡的一个军用帐篷里，你很难想象会遇到这样的情况。

在这些名媛当中，也有人有着极强的音乐天赋。简·福塞特（Jane Fawcett）是庄园中最耀眼的无线电报务员之一。这位年轻的女士来自伦敦北部的海格特，那是一个林木茂盛的地方。在被斯图尔特·米尔纳-巴里招募到庄园之前，她就已经作为一名芭蕾舞女演员开始进行训练。这条路似乎行不通，以芭蕾舞蹈演员的标准来看，简的个子过于高大。但是她能唱歌，而且歌声还很动听，1945年，当她在布莱切利庄园的时光结束的时候，她几乎立刻就被伦敦大学皇家音乐学院录取了。她作为一名歌剧演唱者的职业生涯颇为成功。她因对《希拉与格劳库斯》（*Scylla et Glaucus*）中希拉的演绎而闻名。在亨利·珀塞尔（Henry Purcell）的作品《狄多与埃涅阿斯》（*Dido and Aeneas*）中，她奉献了另一场令人难忘的表演。

那么，对音乐的感觉如何能与密码的天赋融为一体呢？早在20世纪20年代，美国密码学家就开始探索思维的工作方式，以及某些类型的智力是如何对旋律优美、结构严谨的作品做出反应的。同一时间，他们在莫斯科的苏联同行们也注意到了这种音乐上的相关性。

实际上，早在布莱切利庄园之前，作曲家们就把他们的音乐当作一种传递特定信息的手段，同时也把这当作一种游戏。爱德华·埃尔加（Edward Elgar）热爱用密码写就的谜题，而且他还擅长通过音符将单词偷偷加进他的作品中去。这些音符会带有一个音调，比如说，凭借这个音调就可以把A变成E。在这之后，这些音符将会按照特定的顺序演奏，最终会拼写出一个单词。让人啼笑皆非的是，通过这种方式，埃尔加能够在《“恩尼格玛”变奏曲》（*The Enigma Variations*）中拼写出“恩尼格玛”这个词。在其他作品中，他通过秘密献词的方式，顽皮地用音符拼出了朋友们的名字。

顺便说一句，埃尔加还发明了一种时至今日仍无人能够破解的密码。这个密码出现在1897年的一封信中，这封信是埃尔加寄给他的朋友多拉贝拉·佩妮（Dorabella Penny）的。它基本上是由优雅但莫名其妙的潦草笔迹组成的。这些笔迹可能是某种字母替换系统的一部分，也可能不是。当然，多拉贝拉·佩妮从来没能理解其中的含义。关于这件事，今天的密码破译者们也无能为力。

埃尔加绝不是唯一在游戏中将密码掩藏在乐谱里的人。法国作曲家卡米尔·圣-桑（Camille Saint-Saëns）就对此乐此不疲，实际上，约翰尼斯·巴赫（Johannes Bach）也这么干过。与此同时，在流行文化的世界里，音乐密码的理念也让电影导演阿尔弗雷德·希区柯克（Alfred Hitchcock）着迷。在他1938年的喜剧惊悚片《消失的贵妇》（*The Lady Vanishes*）中，那位失踪的贵妇一直试图逃离一个中欧国家并返回英国，而她身上带着一个重要的秘密信息。我们都知道，就在前一天晚上，在这位女士住的旅馆卧室的窗户下，她一直在听一位民谣歌手唱歌。在这之后，这位民谣歌手被人谋杀了。

当然喽，在最后，人们会发现（剧透警告！），这位民谣歌手唱的旋律就是那条信息。在位于伦敦的外交部，当旋律在钢琴上被弹奏出来时，这条信息终于得以解密。这是一个巧妙的情节设计，尽管希区柯克可能并不知道，这种“新奇的”加密方法实际上已经存在了几个世纪之久。

音乐密码的主要困难在于，它们会导致一种怪异的刺耳音调。把字母转换成音符是一回事；在依次演奏这些音符时，要让它们具有艺术上的乐趣，又得另当别论了。另外一种选择是把消息嵌入现有的旋律（如民谣）之中，但这也有相当的局限性。如果音符不能多样化，那么信息也不能。这就意味着一个人在传达词语或情感时，他所能期望的就只有那么多。

尽管如此，考虑到音乐才能和密码破译天赋之间那明显的共生关系，人们付出如此之多的努力将这两个学科结合起来也就不足为奇了。这种共生关系与语言学以及数学的技巧都有联系。音乐也有着深奥的结构，而且，跟任何数学模型一样，音乐结构中也有着对称性、共鸣和一些令人惊讶的关联。除此之外，乐谱本身也是一种语言。对于任何没有受过音乐训练的人来说，乐谱就如同精灵们那失落的语言一样。

跟音乐和语言一样，破译密码的能力也与一种天赋有关。这种天赋就是对规律和节奏的感受或领悟。或许，这种天赋还远不止这些，因为演奏音乐意味着在同一时间里，既要集中注意力，又要投身于一个抽象的世界之中。当清晰的含义开始在混乱的嘈杂声中显现出来时，这其中也许有一种让人欣喜若狂的因素。

在布莱切利庄园里，那些音乐天才需要展现出自己的天赋。战争后期，在展现这种天赋的同时，他们也在利用其为战争筹集资金——这一点相当高尚。正如一位密码破译者回忆的那样，“我曾在室内音乐组演奏过。安德烈·曼戈特（Andre Mangeot）每周会来训练我们一次”。举办演奏会的地方是一个综合性社区大厅，它就建在庄园的威尔顿大道（Wilton Avenue）上。这名密码破译者继续回忆道：“大厅一建好，我们就表演了诸如《费加罗》（*Figaro*）、《唐·璜》（*Don Giovanni*）和《被出卖的新娘》（*The Bartered Bride*）等歌剧的音乐会版本……还有《狄多与埃涅阿斯》的完整版本。《泰晤士报》的音乐评论家弗兰克·豪斯（Frank Howes）来听了我们的演奏，并且给我们写了一篇热情洋溢的报道。”

让人满意的一点是，豪斯根本就不知道这些年轻的表演者平时都在从事什么工作。他可能单纯地认为这些表演者是被征招来的，就像英国广播公司管弦乐队一样。

与此同时，流行音乐歌手奥莉维亚·牛顿-约翰（Olivia Newton-John）在几年前曾惊讶地发现，她的父亲布林

（Brin）曾经是布莱切利庄园的一位领军人物。这不仅是因为他在破译“恩尼格玛”的通信上取得了重大进展——这得益于他深厚的德语功力——也是因为他在业余时间里那炫目的音乐表演。

布林·牛顿-约翰的母亲（她的家族就居住在威尔士）曾经是皇家威尔士妇女合唱团（Royal Welsh Ladies Choir）的一名成员。年轻的时候，布林就展现出了非常高超的小提琴才能。在战争爆发的时候，他加入了英国皇家空军。之后，由于他的情报鉴别能力以及他和德国飞行员俘虏共事的经验，布林被调到了布莱切利庄园。他和他的同事们每天都面临着巨大的压力，跟其他人一样，他也需要某种发泄方式。对于布林来说，在歌剧中演唱以及进行令人难忘的德国抒情曲表演（在战争期间，这可称得上是有原则性的选择）就是他的发泄方式。

如今，在布莱切利庄园音乐会、独奏会和时事讽刺剧附带的节目单中，你还能找到布林的名字。他的名字被和某种品位高雅的娱乐联系在了一起，而这么做的正是布莱切利的市民们以及那些来观看这些神秘年轻人演出的媒体人士。这种高雅的娱乐与乔治·弗姆比（George Formby）和格雷西·菲尔茨（Gracie Fields）所代表的流行文化相去甚远。

音乐结构——或是缺少结构的独创音乐——也在庄园的

音乐生活中发挥了作用。密码破译者布莱恩·奥加德（Brian Augarde）是一位爵士乐的单簧管演奏者，他也是布莱切利庄园爵士乐五重奏乐团的成员之一。在爵士乐这个领域，他和他那些热爱爵士乐的粉丝们要明显领先于他们的时代，因为那时的流行文化更多是关于摇摆乐的。庄园里还有一位名叫鲍勃·布里顿（Bob Britton）的美国密码学家，他曾经在美国全国广播公司的广播电台工作过。在写给妻子的信中，同为密码分析师的尼尔·韦伯斯特（Neil Webster）曾回忆过布里顿："他是一个害羞的家伙。此人勤奋好学，但看上去却很散漫，这种个人风格极具魅力。他漫不经心地吹奏着梦幻般的爵士乐，曲调让人十分愉悦。"

在战争结束时，爵士乐开始更多地走向前台。当时，还留在布莱切利庄园的特工们已经收拾好行囊，搬到了设在伦敦西北部的新临时基地。事实上，那里的密码破译者曾一度设法说服约翰尼·丹克沃斯（Johnny Dankworth）和克里奥·莱恩（Cleo Laine）来为他们表演，他俩可是一个超级酷炫的组合。

结构严谨的古典音乐是一种语言，而爵士乐那如同飞速旋转的旋涡一样的旋律则是另外一种语言。然而，我们可能会再一次看到其中的关联。在第一次听的时候，虽然即兴爵士乐的某些片段可能显得无法预测，甚至是混沌无序的。但是，如果一个人用正确的方式去聆听，那么音乐的旋律和感觉就会变得清晰起来。跟那些更为宏大、更为人所熟知的古典作品不同，爵士乐的含义也许不是那么明显。但是，就像现代主义诗歌一样，爵士乐也需要具有洞察力和智慧的人去解读。

因此，与此相关的一些谜题会涉及乐理知识。密码破译者应该非常熟悉这些符号所提供的可能性。

–··· ·–·· · – –·–· ···· ·–·· · –·–– /
·––· ·– ·–· –·– / –··· ·–· ·– ·· –· – · ·– ··· · ·–· ···
–··· –·–– /
··· ·· –· –·–· ·–·· ·– ·· ·–· / –– –·–· –·– ·– –·––

Chapter 9

高地里尔舞和槌球草坪

我们可以想象，约克索尔看到了所有槌球反弹的路线、角度和可能性。而且，他在计算重量、质量和力量方面也非常驾轻就熟。我们知道约克索尔在槌球游戏中的表现有多么出色。这是因为虽然他的密码破译生涯被隐藏于无形之中，但是他玩槌球的行为却留下了一点蛛丝马迹。

密码破译者在工作时需要久坐不动，这一点十分可怕。他们的轮班制压力巨大，当班的8小时都是在办公桌或黑板前度过的，地点通常是在施行了灯火管制的小屋里（即便是在布莱切利这样的小城镇，预防空袭的措施也需要严格遵守）。有人担心这样的生活可能会对健康造成影响。

在“11号小屋”里，有一种早期形式的“阳光”客厅。这间客厅是一个特殊的房间，它里面充满了强烈的光线，旨在模拟阳光。否则的话，在一周又一周的时间里，密码破译者们都没有办法见到阳光。体育锻炼也是非常重要的。但是，由于密码破译者的工作需要耗费非凡的脑力，进行高强度的体育休闲活动对他们来说是一种损耗。因此，相关谜题的灵感既受到积极进取的因素的启发，也直接受到一些复杂的游戏和舞蹈（它们深受密码破译者的喜爱）的启迪。

当然喽，有时候，锻炼是为了身体和精神上的解放。剧烈的运动可以让大脑和肌肉恢复活力。和他之后的许多人一样，艾伦·图灵发现长跑对于思考来说有着极大的好处。过去，图灵（他加入布莱切利庄园时，年仅27岁）常常沿着大联盟运河的小路跑上很远的距离，或者穿过当地的风景名胜，那里的大部分地形都很平坦。跑步的节奏过快可能会阻碍思维的流畅性，但是，一次合理的慢跑在某种程度上有助于思维的重启。长跑不仅仅是仔细剖析和思考问题的一种方式，而且在长跑结束后，大脑会变得异常兴奋，这是由于运动促进了血液循环。

图灵是如此专注长跑，以至于他几乎一不小心就成了一名非常专业的长跑者：他可以在大约2小时45分钟的时间内跑完一场马拉松。在那个时候，这个速度已经足以获得奥林匹克运动会的参赛资格了。

布莱切利庄园中也有其他运动。网球跨越性别，受到了所有人的喜爱。这些密码破译者还成立了一个正式的网球协会，专门拨出一小笔预算用于更换网球和球拍。在1942年，该协会的秘书还收到了邓禄普（Dunlop）的一封信。信中，邓禄普用礼貌但坚定的语气解释道，由于战争的一个小问题导致了网球供应短缺，因此新网球的派送被延迟了。

网球运动涉及爆发性的力量。在令人筋疲力尽的夜班之后，把这种力量释放出来会让人觉得非常舒服。这同样也适用于乒乓球，这是一项玩起来相当热闹的运动。击剑则带来了一种更有节制的竞争，它是一场体力、智力和计谋的较量。布莱切利庄园的击剑俱乐部相当受欢迎，他们的击剑比赛是在庄园宅邸一楼的一间大客房里进行的。在需要智胜对手的时候，破解敌方密码需要稳重而理智的攻击，而在击剑场上可以找到这种攻击的真实写照。

然而，并不是所有体育活动都有着击剑那份稳重的高贵。还有一些其他的发泄方式，它们有一种纯粹孩子气的令人愉悦的元素。在冬天里（战争时期，有些冬季是冷酷无情的），庄园宅邸前的湖水会结冰，于是密码破译者就会穿上他们的溜冰鞋去溜冰。在战争后期，美国人来到庄园，那块冰面上发生了激烈的竞争。这些竞争出现在短道冲刺和花哨的动作方面：美国的密码破译者会绕着他们的英国同行跳舞，并围着他们绕圈。

在阳光明媚的夏季，当有太多人在网球场上争夺场地的时候，庄园里就会举行临时的圆场棒球[①]（rounders）游戏。在

① 英国一种棒球游戏。

以情报人员的身份穿过庄园时，著名评论员马尔科姆·马格里迪（Malcolm Muggeridi）看到有人绕着棒球场地慢步小跑。他感到有些吃惊，因为他认出这些人是来自牛津大学和剑桥大学的教师。

除此之外，还有一些人喜欢更加侧重几何学因素的体能活动。一位名叫莱斯利·约克索尔（Leslie Yoxall）的数学家发现，他天生就是玩槌球游戏的料。这是一种需要深思熟虑的（而且常常是怀有恶意的）游戏。门洞、对方的球、用某种程度上无情而锐利的目光把对手打得落花流水……这个游戏包含了所有这些元素，当然还要加上地形学和牛顿的物理学说。我们可以想象，约克索尔看到了所有槌球反弹的路线、角度和可能性。而且，他在计算重量、质量和力量方面也非常驾轻就熟。

顺便说一句，我们知道约克索尔在槌球游戏中的表现有多么出色。这是因为虽然他的密码破译生涯被隐藏于无形之中，但是他玩槌球的行为却留下了一点蛛丝马迹。举例来说，我们知道政府通信总部的新机构悄悄劝说他留了下来。不过，我们不是通过政府通信总部，而是通过切尔滕纳姆槌球协会（Cheltenham Croquet Society）的年鉴知道此事的。约克索尔的队友们对他的日常工作一无所知，不过作为他们最好的球员之一，他得到了恰如其分的赞美。槌球是约克索尔和休·亚历山大共同热衷的运动，尽管休·亚历山大似乎从来没有达到约克索尔在当地槌球界的那种崇高地位。

对于那些已经厌倦了网球和板球的人来说，布莱切利庄园里一股新的热潮充满了吸引力。这股热潮是由前文提到过的高级密码破译者休·福斯带来的。福斯身高6英尺5英寸①，是一个异常高大的人，但是他的双脚却很优雅。他引入庄园的这股疯狂的新潮流就是苏格兰高地舞，或者叫里尔舞。每周一次，这股新潮流都会占据主宅的一个房间。

飞速旋转的苏格兰格纹形成了一个色彩斑斓的旋涡。在数年之前，福斯本人就陷入了这个旋涡之中。当时，福斯正在位于伦敦西部肯辛顿的政府代码暨密码学校工作。他在那里研究侦听到的信号，并仔细调查了早期形态的“恩尼格玛”密码机。

休·福斯的妻子艾莉森（Alison）是苏格兰人，她见识了这项工作是如何挤占工作人员的身心放松空间的。因此，在20世纪30年代的一个晚上，她带着福斯去参加了一个私人聚会，地点就在切尔西一栋光鲜亮丽的房子里。这虽然是一场派对，但有让人意想不到的内容。派对上，客人们不是站在那里

① 大约为 1.96 米。

喝酒，而是被邀请加入精心设计的苏格兰高地舞。

这些舞蹈中有某种东西——可能是快速的运动、极强的秩序以及规律性三者的惊人结合——牢牢地吸引住了福斯。他立刻就沉迷于苏格兰高地舞之中。我们可以想象，在细雨蒙蒙的伦敦，在那些灰色的烟尘中，那些绿色、蓝色和红色的格子呢服装、那些闪闪发光的珠宝以及管乐器中发出的急促的呼号看起来是多么富有异国情调，而这种舞蹈作为逃避现实的手段又是多么美妙。

不管是什么样的情况，福斯对苏格兰高地舞的迷恋是如此之强烈，以至于他变成了它的一名“布道者”。同样是密码破译者的阿拉斯泰尔·丹尼斯顿（后来他成为布莱切利庄园的主管）和其妻子也被福斯说服，一起去推动苏格兰高地舞在切尔西的发展。到了1939年，当时所有密码破译工作都被转移到了布莱切利庄园，但是这种情况阻止不了福斯。实际上，这将为他提供一批新的里尔舞艺术的皈依者。在这一时期，福斯已经开始设计他自己的苏格兰高地舞了。

布莱切利庄园的宅邸之中有很多古怪的场所，其中之一就是一间舞厅，那里的天花板装饰得非常华丽。这座豪宅始建于19世纪末期，是莱昂家族建造的。他们原本打算把它作为周末派对的盛大场所。显然，福斯他们没有机会让真正的风笛手来演奏音乐。但是在留声机的帮助下，福斯很快就建立了他的苏格兰高地舞协会。在夏季，人们会从房子里出来，在靠近湖边的布莱切利庄园前的草坪上跳舞。在福斯的专业指导下，这些年轻的发烧友们学会了更加复杂的里尔舞。

来自阿伯丁的希拉·麦肯齐以及来自谢菲尔德的奥利弗·劳恩都是加入苏格兰高地舞协会的密码破译者中的一员。很快，他们两人之间就擦出了浪漫的火花，这是因为他们在一起跳了名为“勇敢的士官”[①]（Dashing White Sergeant）的舞蹈。在离开布莱切利庄园之后，他们俩结婚了，并一起度过了余生。

在整个战争期间，随着福斯经验和资历的增长，他成了布莱切利庄园和美国密码破译者同行之间的关键联络人之一。美国人被这位满头黄褐色头发、身材颀长的人物吸引住了。由于热衷穿凉鞋，他被称为“租借的耶稣”[②]（Lend-Lease Jesus）。“租借”一词揶揄了美国向英国出借战时资源的方式。战后，福斯回到了伦敦，而此时，大西洋两岸的密码破译者的工作越发紧密地融合在了一起。虽然福斯白天的工作时间都花费在了研究苏联人的密码上，但他晚上的时间依然被里尔

① 一种欢快的苏格兰六人舞。

② 因为据传说耶稣就是始终穿着凉鞋。

舞占据。

在20世纪50年代早期，福斯的苏格兰高地舞协会有一位重要的赞助人，她就是年轻的伊丽莎白公主（Princess Elizabeth）。福斯还创办了一份名叫《里尔舞》的杂志。他不满意苏格兰高地舞步被制成示意图的方式，因此他发明了一个新的系统。这个系统包含有符号、数字和箭头，有着非同寻常的复杂性。渐渐地，他设计出了许多新的舞蹈：《老罗宾·格雷》（*Auld Robin Gray*）、《空中楼阁》（*Castles in the Air*）、《我母亲怒视着我》（*My Mother's Aye Glowerin' Over Me*）以及《法夫郡的小箍桶匠》（*The Wee Cooper of Fife*）。这本杂志的读者不会猜到这些舞蹈本身就是一种密码的形式，而设计他们的正是本国最优秀的密码学家中的一位。

杂志中有一些文章试图深入探讨关于苏格兰高地舞的争议。这些争议涉及特别棘手的舞蹈动作，或是保持完美的舞步是不是让这种舞蹈过于军事化，抑或是弹性地板的松动会不会引发混乱。福斯甚至为这本杂志提供了奖金，用以奖励解开他自己设计的隐喻字谜的人。福斯只是情不自禁地做了这些事情而已。

因此，与这部分内容有关的谜题明显带着一种轻松的感觉。那是一个用初始的密钥去解码一些复杂舞蹈动作的挑战。

此外，还有一些结合了槌球游戏和欧几里得几何元素的谜题。就像斯诺克台球（Snooker）一样，舞蹈和槌球追求的是最深刻的数学结构。当布莱切利庄园的密码破译者来到他们的弹性地板上，或是来到夏天刚修剪过的温暖草坪上时，他们对这些游戏的看法和那些不从事密码破译的同事大相径庭。

-··· ·-·· · - -·-· ···· ·-·· · -·--/
·--· ·- ·-· -·-/-··· ·-· ·- ·· -· - · ·- ··· · ·-· ···
-··· -·--/
··· ·· -· -·-· ·-·· ·- ·· ·-·/-- -·-· -·- ·- -·--

Chapter 10

穿过镜子的密码破译者

布莱切利庄园的“希思·罗宾逊”是由杰出的工程师汤米·佛劳斯建造的。从外表上看，人们根本看不出这是一台至关重要的机器。这台机器应用了先进的阀门技术和光电传感器。机器上还安装了大量的轮子，并且还加有一条特殊的、连续的穿孔纸带。机器运转的时候，这个纸带会不停地发出“咔嚓咔嚓”的恼人噪声。

《爱丽丝梦游仙境》（*Alice in Wonderland*）的创作者是刘易斯·卡罗尔；或者你可以用他的真名：查尔斯·道奇森（Charles Dodgson）。他不仅擅长写作诙谐幽默的诗歌，同时也是牛津大学的一名数学家。卡罗尔对符号逻辑情有独钟。在维多利亚时代的落日余晖中，他对新奇的数学理论和实践都感到厌恶。在布莱切利庄园的密码破译者中，卡罗尔有着极高的人气，这是因为他处理横向思维的技巧既新奇又有趣。

迪利·诺克斯直接受到卡罗尔的影响。众所周知，诺克斯曾经用一个看似简单的问题来考验新人梅维斯·利弗。这个问题便是，时钟的指针是往哪个方向转的？答案既可以是顺时针，也可以是逆时针，这取决于你站在时钟的哪一边。密码破译者不能简单地依赖数学那牢固的确定性。他们必须在处理这些问题的角度上别出心裁。如果有需要的话，这个方向可以前后颠倒。

因此，这类谜题有一种更为梦幻的特质。它们直接源自刘易斯·卡罗尔本人。他曾在杂志和期刊上发表过脑筋急转弯，它们中的每一个都充满了创新的逻辑和独具匠心的数学谜语，并因此妙趣横生。正是这些谜题培养了许多破译密码的头脑，而他们就是全英国最棒的。

对卡罗尔的狂热崇拜可以追溯到第一次世界大战时期的密码学研究。在白厅那满是灰尘的走廊和办公室里，人们组建了被称为“40号房间”的部门，它也被称为“情报局25号”。在那里，不仅有年轻的迪利·诺克斯，还有后来帮助建立政府通信总局的弗兰克·伯奇（Frank Birch），以及布莱切利未来的主管阿拉斯泰尔·丹尼斯顿，他们都经常引用《爱丽丝梦游仙境》中的内容。

事实上，弗兰克·伯奇曾创作过一部有关密码破译员的圣诞剧，而《爱丽丝梦游仙境》构成了这部剧的核心内容。弗兰克·伯奇除了是一位颇有造诣的密码学家之外，还是一名演员。后来他在几部电影中还曾与乔治·科尔（George Cole）和希德·詹姆斯（Sid James）演过对手戏。

奥利弗·罗达姆（Olive Roddam）扮演剧中人物“爱丽丝”，她是迪利·诺克斯的未婚妻。在白厅中漫步时，奥利弗捡到了一张散页纸，上面有一串以“巴利巴宁”（Ballybunion）开头的加密信息。在那之后，她竟发现自己“嗖”的一下，闯进了“40号房间”这个镜像世界。在那里，迪利·诺克斯是个呆头呆脑、思想怪异的人，就像“渡渡鸟”（dodo）一样。他用一些极具卡罗尔风格的荒诞主义横向思维解释他的眼镜为什么在他的烟袋里，而他的烟草又为什么在他的三明治盒里。

剧中的画外歌曲响起：“宁静，宁静，哦，为了寻找一丝宁静！/罗达姆小姐认为诺克斯不喜欢她/因为他竟垫着她的帽子/在烧水锅炉上磕烟斗！”

该剧还公开嘲讽了另外一位英国的密码破译员，此人曾经成功地破译了齐默尔曼电报（Zimmerman Telegram），也就是1917年德国向墨西哥发出的那份外交加密电报。实际上，正是这份外交密电让美国卷入了第一次世界大战。对这份文件的破译是奈杰尔·德·格雷（Nigel de Grey）在密码方面完成的一项壮举，它也改变了历史进程。尽管如此，这位身材略显矮小的德·格雷在剧中却被冠以了“睡鼠”的形象，而他确实凭借这样一个绰号而为人所知。直至20世纪50年代，当他开始专注破译最新的苏联密码的时候，这种情况才有所改观。

第一次世界大战期间集结在一起的密码破译员往往都是古典学家（尽管弗兰克·伯奇是位历史学家，奈杰尔·德·格雷的职业是出版商）。不过，他们的思维缥缈而广阔，不仅爱丽丝的冒险让他们对世界有了新的认识，卡罗尔处理横向思维逻辑问题的方式也有助于他们独立思考。

在布莱切利庄园里，对爱丽丝和她那看似荒谬的世界进行深入研究是一种潮流。并且，密码破译者们已经意识到了，女主人公的冒险经历远不止自由放任的荒谬之谈那么简单。最近，在避开了现代精神分析理论后，《新科学家》（*New Scientist*）杂志的梅兰妮·贝莉（Melanie Bayley）发现《爱丽丝梦游仙境》中闪烁其词地表达了一种对抽象数学的讽刺。对于布莱切利庄园的密码破译者们来说，这样一种角度充满了巨大的吸引力。

贝利指出，在《爱丽丝梦游仙境》中有一章叫作《毛毛虫的忠告》（*Advice from a Caterpillar*）。在这一章节中，爱丽丝变小了，而一个蘑菇似乎给她带来了恢复原样的机会。但事实证明，复原后的爱丽丝身体很不匀称，她长出了一个自己并不想要的超长脖子。贝利认为，这个情节反映出了卡罗尔对抽象数学中增长问题的不耐烦。在卡罗尔的世界里，代数和代数符号代表的是实数，是真实的东西。但在19世纪末的牛津大学，这一世界被日益边缘化了。如今，有了虚数和负数，只要遵循其内部逻辑，你就可以用它们进行代数化运算，并得出有趣的结果。

贝利认为，《爱丽丝梦游仙境》在一定程度上反映了卡罗尔眼中的数学是混乱的：爱丽丝记不得她的时间表，可那只毛毛虫似乎对此完全不以为意；事实上，它根本没把大小不断变化的爱丽丝放在心上。这本就是一个荒谬的世界，所以它干吗要为这种无常的变化而自扰呢？那个貌似无法解释清楚的卡罗尔之谜也是如此，这个谜题是："乌鸦为什么会像一个书桌？"（Why is a raven like a writing desk?）

在看似随心所欲的语句和实际上随意胡乱写下的字母背后寻找内在的逻辑，这对于密码破译大师迪利·诺克斯来说，显然会让他感到莫大的解放。在布莱切利庄园中，他仍然延续着对刘易斯·卡罗尔的痴迷，并且依旧保持着卡罗尔式的思维方式。据迈克尔·史密斯（Michael Smith）讲，似乎只有那些和他一起在布莱切利庄园小屋里密切合作的女性才能看清他的思路。

有一天，诺克斯莫名其妙地说道："如果有两头奶牛在过马路，那么肯定有一个点上是只有一头奶牛在过马路，而这个点就是我们必须要找到的。"他这是在非常隐晦地提及德国军事情报组织“阿勃维尔”，或德国特勤局的“恩尼格玛”密码问题。然而，看上去只有梅维斯·利弗和菲利达·克罗斯（Phyllida Cross）明白他的意思。令人遗憾的是，他这句话的确切意思再一次变得模糊而晦涩。

除此之外，针对“阿勃维尔”的“恩尼格玛”密码机，他们还讨论过上面转动着的转子机轮。诺克斯观察到，这些机轮上除了携带有编码字母外，有时候，两个轮子还会同时转动，而在其他时候则是四个轮子同时转动。诺克斯把这样的现象分别称为“螃蟹”和“龙虾”。显而易见的是，“螃蟹”对他来说没什么用处。但“龙虾”就不一样了。

在采用另外一种方法来破译密码时，梅维斯和菲利达会被要求注意“女性”（也就是打孔解码卡片上的特殊排列）。这两人对“女性”应对自如，就像他俩对待其他各式各样的术语一样；事实上，到了20世纪80年代和90年代，当人们不再被要求遵守布莱切利庄园的保密制度时，梅维斯·利弗很乐意向人们讲述诺克斯的弱点，并对此加以解释。

非常有趣的是，在布莱切利庄园之前，就已经有人注意到了梅维斯·利弗的天赋，也就是从卡罗尔的角度看待问题，而那时她还在经济战争部任职。曾经有一份电报提到了一个叫“St Goch”的地方，而这份电报是用莫尔斯电码记录下来的。可世界上根本没有一个地方叫这个名字，人们也搞不清楚它要传达什么信息。尽管如此，利弗小姐还是从完全不同的角度对它进行了解读；她发现，上面提到的地址实际上指的就是智利的圣地亚哥（Santiago）——“Stgo Ch”。据大卫·兰伯特（David Lambert，后来梅维斯从事学术研究的一位同事）所说，就是在那一刻，梅维斯被调往布莱切利庄园便已成定局。

在梅维斯·利弗成为巴特伊夫人，并且后来又成为一名景观历史学家之后，刘易斯·卡罗尔依然在影响着她的生活。她的丈夫基思是一位数学家，并且是牛津大学的资深财务人员。他们两人在牛津大学期间，巴特伊夫人经常探索那里的花园，并撰写了一些有关这些花园的文章，而这些花园正是激发《爱丽丝梦游仙境》创作灵感的地方。在几年之后，已跻身多产作家的她创作了《爱丽丝牛津冒险记》（*Alice's Adventures in Oxford*）一书，讲述了查尔斯·道奇森在牛津的岁月。

爱丽丝的创作者也对艾伦·图灵产生了一些影响。在战争结束后不久，图灵组织亲朋好友和孩子们展开了一次寻宝活动。他精心设计了寻宝线索，其中不仅有装满红色液体的瓶子（一瓶是“祭酒”，它非常难闻；另一瓶是“药水”，味道很甜美），还自己编造了一些词语藏在书里。这些有着假封面的书被藏在了书架上。

布莱切利庄园里，这种不同寻常且角度刁钻地看待事物的方式随处可见。其中一个例子就是，比尔·图特（Bill Tutte）经过两个月的刻苦钻研，成功地破解了德国的“金枪鱼”（Tunny）密码，而他破解密码的方式仅仅是用铅笔和纸进行人工破译。对“金枪鱼”密码的破译使得密码破译者们能够开始读取直接来自希特勒的秘密通信。

在1941年的深冬，比尔·图特完成了这项不可思议的任务，他甚至没有见过生成“金枪鱼”密码的“洛伦兹”密码机（Lorenz code-generating machine）。凭借着智慧和想象力的惊人融合，比尔在脑海中勾勒出一幅先进的德国编码机器的画面，并对它进行更深一步的研究。

在这之后，比尔就可以就这个画面与同事们进行详细而深入的探讨；这使得他们能够开发出自己的密码生成及破译机器，而这些新的、极其现代的机器是对“金枪鱼”密码的回击。

在这样做的同时，工程师们还赞颂了英国另一位超现实主义大师，他就是希思·罗宾逊（Heath Robinson）。把比尔·图特关于“金枪鱼”密码的推论作为出发点，人们还可以构建出更加先进的技术，以吃透这些全新的密码。这是一个奇特的装置，它有着错综复杂的滑轮、磁带、管道和电缆，看上去就像一幅滑稽的漫画。

这个装置之所以被称为“希思·罗宾逊”，是因为它很像这位才华横溢的幽默的插画家所创作出来的作品，而他的作品既荒谬又过于繁复。大量的卡通漫画都描绘了希思·罗宾逊的世界，其中有着各式各样的活动，包括提供食物、倒酒，甚至让夜间吵闹的猫安静下来。进行这些活动的装置和小玩意儿运行在数不胜数的轮子和滑轮上，有时候还要加上一些气球。

而事实上，布莱切利庄园的“希思·罗宾逊”是由杰出的工程师汤米·弗拉沃斯建造的。从外表上看，人们根本看不出这是一台至关重要的机器。这台机器应用了先进的阀门技术和光电传感器。机器上还安装了大量的轮子，并且还加有一条特殊的、连续的穿孔纸带。机器运转的时候，这个纸带会不停地发出“咔嚓咔嚓”的恼人噪声。

弗拉沃斯很快就从所有这些困难中学到了东西，而他之后在实验室里设想出来的技术则完全处于一个不同的领域。“巨像”是他的下一个发明，这是一台引领了可编程计算机时代的机器。

如果知道自己对密码破译者们思想的形成产生了影响，刘易斯·卡罗尔一定会非常激动。在19世纪60年代，他设计发明了一些加密技术，其中就包括被他称为“电报密码”（Telegraph Cipher）的技术。这项技术是字母换位的一种变体，而它的复杂程度也比较适度。卡罗尔很可能幻想过自己就是布莱切利庄园里的一名密码破译者。可以肯定的是，就像休·福斯一样，他对谜题的兴趣已经发展到了要编译它们的地步。在卡罗尔的例子中，他似乎是情不自禁地就会做这样的事情。他为《名利场》（*Vanity Fair*）杂志设计了密码文件；为包括《女士》（*The Lady*）杂志的其他杂志设计了单词进阶智力游戏，例如，共移动四步，每次只能移一步，将“猪”（pig）变成“猪圈”（sty）；他还为朋友们和公众设计了一大堆谜语、离合诗、数学难题和具有挑战性的逻辑难题。

与本章节内容有关的谜题有很多，它们要么是刘易斯·卡罗尔想出来的，要么是受他启发而设计出来的。这些谜题带来的挑战会激发你去横向思考。这些任务让迪利·诺克斯、奈杰尔·德·格雷以及他们的追随者们都沉迷其中，并且乐此不疲。

—··· ·—·· · — —·—· ···· ·—·· · —·——/
·——· ·— ·—· —·—/—··· ·—· ·— ·· —· — · ·— ··· · ·—· ···
—··· —·——/
··· ·· —· —·—· ·—·· ·— ·· ·—·/—— —·—· —·— ·— —·——

Chapter 11

聪明者的游戏

在布莱切利庄园里，如何将自己的聪明才智运用到全新的事物上，这是珍·米勒面临的最大挑战。这里没有时间给她空想，她和她的“鹪鹩”同伴们必须非常务实，还要头脑灵活。

对于高贵的莎拉·巴林（Sarah Baring）来说，能够受邀到布莱切利庄园工作，这在一定程度上缘于歌剧。

作为出身上流社会的女孩，从一开始她就知道，自己要去斯劳工业园（Slough Industrial Estate）为这场战争制造飞机零部件。所以，她对这份工作怀有的新奇感很快就消失了。依靠着家族的关系，高贵的莎拉设法得到了外交部的面试机会。在面试时，她被问及是否会说德语和意大利语。德语是不成问题的，因为在20世纪30年代，她曾在德国生活过，自那时起，她便能讲一口流利的德语。至于意大利语嘛，她只是从歌剧《茶花女》（*La Traviata*）中学到过一些而已。但她怎能因此止步呢？她的虚张声势成功了。很快，她坐上了从伦敦尤斯顿开往白金汉郡北部的火车，她只随身带了一个手提箱和一些珍贵的唱片。

与此相关的谜题既围绕通晓常识这一不为人知的优点，也涉及迅速反应的能力。布莱切利庄园招募的新成员中，大多数人都没有受过长时间的学术教育。那些名媛和“鹪鹩”们虽然都接受过很好的基础教育，但她们往往都没上到六年级就辍学了。

后来，她们中有一些人将布莱切利庄园看作“她们的大学”，或许就是这个缘故吧。然而，即使你做的不是破译密码的工作，也要时刻做到眼疾手快、思维敏捷，并且要争分夺秒。

有些东西永远也不会改变。战争初期，布莱切利庄园的负责人阿拉斯泰尔·丹尼斯顿曾亲自写信给外交部。他在信中表示，自己希望不要再送来“太多厨娘和传讯员之类的人”，而这类人往往是从“鹪鹩”和本土防卫后备队招募到的。所以，女性若想加入“鹪鹩”的队伍，她们不仅要通过测试，还要做调查问卷，盘问她们的兴趣爱好。当局还要高度关注“高水准的思维敏捷性”。

“鹪鹩”中有许多人肯定会和“炸弹机”一起工作。她们可以不精通高等数学理论，可以没有深厚的德语或意大利语功底，但有一点是必须的，那就是在遇到棘手的问题后，她们必须能够快速做出反应。这些机器本身虽然是一个奇迹，可一旦出现故障，也是很难修理好的。“鹪鹩”们得到的命令是，只要机器出现故障（哪怕是在深夜2点钟），当班人员也必须用镊子或者任何手头能用到的东西修理好这个性能不稳定的“炸弹”。

正如克里斯托弗·格雷在他的著作《译码组织》（*Decoding Organization*）中所描述的那样，后来人们对操作过“巨像”机的“鹪鹩”们做过一项调查，了解到“巨像”所需的技术是非常复杂的。在这一领域，具备任职资格的“鹪鹩”居多，但仍有一大批人是有所欠缺的。格雷写道：“9%的人上过大学，21%的人拥有更高学历，22%的人接受过一些课外培训，28%的人之前工作过。但所有人都没在大学学过数学。”

格雷还注意到，在布莱切利庄园吸纳的年轻女士中，有许多都接受过异常出众的中小学教育，并且有着稳固的中产阶级背景。在空军女子后备队中，情况也是如此。但是本土防卫后备队对来自工人阶级、受教育程度偏低的女性更具吸引力。

鲁思·伯恩（Ruth Bourne）是一名“鹪鹩”。这位来自伯明翰的年轻女士曾在瑞士深造过。伯恩从小就沉迷间谍类的惊悚小说，因此她很快就猜出了布莱切利庄园是做什么的。

芭芭拉·摩尔（Barbara Moor）上过文法学校，之后又上了大学。此外还有珍·瓦伦泰（Jean Valentine），她曾就读于声望卓著的珀斯学院。珍的父亲是珀斯当地一位声名显赫的商人，可她16岁那年就辍学了，当时这种事情在女性身上是非常普遍的。尽管如此，她已经接受了全面的学校教育，其程度可能已达到了现在的高中甚至是大学一年级的水平。

珍·米勒（Jean Millar）是布莱切利庄园的另一位老兵。在政府通信总部庆祝妇女历史的一次特别活动上，她发表了讲话。她回忆道，那是在1943年，她刚一参加完律师中级考试，就加入了“鹪鹩”，随后便被派到了伦敦西北部的伊斯特科特（Eastcote）分站。这里有大批的“炸弹机”，人们把它们进行了分组，每组负责一个同盟国家。这些机器昼夜不停地轰然作响，破译了从世界各地发送和侦听到的密码。

在布莱切利庄园里，如何将自己的聪明才智运用到全新的事物上，这就是珍·米勒面临的最大挑战。这里没有时间给她空想，她和她的“鹪鹩”同伴们必须非常务实，还要头脑灵活。

她记得，她们无须掌握精深的专业技术；如果有机器彻底瘫痪了，英国制表机公司（The British Tabulating Machine Company）就会派专门的工程师过来维修。而“鹪鹩”们的工作只是使用柔软精细的刷子，确保旋转的滚筒和其他部件保持良好状态，以确保这些机器一直正常运转下去。

还有人记得，照管“炸弹机”本就让人身心疲惫，再加上那不绝于耳的“嘀嗒”声，以及它们产生的非常细微、几乎看不见的细雾和不时喷涌出的机油。有时候，这真的让人倍感压力。这项工作的重要性以及那近乎引发幻觉的单调乏味，偶尔还会让人精神崩溃。

如何治愈这种崩溃呢？一位年轻的女士被要求卧床休息几天，身边备了一壶水。安妮·汉密尔顿-格雷斯（Anne Hamilton-Grace）的情况要更糟糕一些，所以给了她一壶橙汁，还有一点儿杜松子酒。不管怎样，要想治愈这种崩溃，关键还是要给予她们同情和关心：布莱切利庄园当局清楚地知道，这项工作会让人变得非常脆弱。

布莱切利庄园当局十分注重“鹪鹩”们的福利。鉴于这项工作需要严格保密，为了布莱切利庄园的利益，他们要确保这些工作人员不会被迫退出这场秘密战争。

还发生过几次意外的泄密情况。一位前“鹪鹩”在退役后来到伦敦工作，她无意中跟别人提到她曾操作过的一些机器。值得注意的是，布莱切利庄园的安全防范措施远远延伸到了庄园之外。他们联系了那位泄密的女士，严厉警告她要遵守“官方保密协议”。

抛开这项工作令人难以忍受的本质，“鷦鷯”们最需要的却是临场发挥的能力。在布莱切利庄园，这一点或许更多地体现在对“巨像”的操作上。使用阀门这种创新做法，让这些计算机变得极其复杂。它们还会产生大量热量。

一名“鷦鷯”清晰地记得，在某一天的午夜，正当她小心翼翼地想要补一补口红时，机器上的一个电子元件突然闪了一下。这亮光伴着巨响闪过之后，她有片刻的茫然无措；接着，她的同事便尖叫了起来。猛地看去，她朋友的喉咙好像被割破了：脖子上有一条鲜红的线。可实际上，那只是一道口红印。

在另一场与电有关的事故中，一名“鷦鷯”在触摸键盘时被电了一下。对此，工程师做了简短的报告：“机器运转良好，操作人员接地了。”

这些机器制造的高温虽让人难以忍受，却也有一定用途。有传言说，“鷦鷯”们在值夜班时，机智地趁机烘干了她们的内衣。

有一些皇家海军女子服务队的军官驻扎在庄园之外，她们并不像布莱切利庄园的管理层那样看重健康问题。她们显然没有意识到，操作“巨像”和“炸弹机”的队员们有多么辛苦！她们竟还让一些妇女在轮班前或后接受一小时的训练。这真是太疯狂了！那些参加训练的妇女很快就变得疲惫不堪，这让当局不得不进行干预。涉事军官“慷慨地”做出了让步，免除了“鹪鹩”们在星期日去往教堂的两英里行军训练。

有一些“鹪鹩”原本只是在伦敦周边各郡的秘密分站里工作，而这场战争却把她们带入了一个更广阔的世界，这个世界也更加危险。在看到自己的名字和其他几个名字一起出现在布莱切利庄园的布告板上时，珍·瓦伦泰只有19岁。

有人告诉她，她被选中到国外执行破译任务，只是在那个时候，当局也无权告知她具体去什么地方。他们只有一个要求，就是珍要得到她父亲的允许。这是因为当时她还未满21岁，按照当时的法律，她还未成年。珍是家里的独生女，她敢肯定，自己的父亲听到这个消息后一定会吓坏。然而，他并没有。他竟完全同意，他还对珍说，身处战争之中，人人都应承担起自己的那份责任。

在德国U型潜艇经常出没的水域航行了6个星期后，珍第一次见到了那个新的国度，而她的人生也将从此被改写。她和其他志愿者一起来到了锡兰的科伦坡。珀斯满是忧郁灰暗的石头和清冷的丘陵，因此很难想象这里与之对比鲜明的景色。她看到了一个新世界，那里色彩斑斓，并且芳香四溢。

在那里，她专注破译日语密码。她工作的地方是一间漂亮无比的小木屋（没有遮光窗帘的板条竹屋）。每逢上夜班，她都要驱赶那些钻进来偷窥她工作的大虫子。

下班之后，珍和朋友们会去山上的茶园，凝视着1945年的大英帝国，它看起来是绝对不可撼动的。然而人们却普遍认为，那些被借调到这个秘密世界的女性有能力接纳新鲜事物，而且她们的确也很享受这个过程。这些人都来自皇家海军女子服务队、空军女子后备队和本土防卫后备队。

毕竟，要是一年前有人让珍破译日语天气预报，她肯定会感到茫然。那些操作“炸弹机”和“巨像”的女性也是如此。在这个世界上，她们正在做的是其他人都没做过的工作。

她们站在通往未来的大门边上，超凡的未来就在她们眼前预演。她们不必成为可编程计算机这门新科学的专家。但她们必须要有强烈的欲望去迎接全新的且完全未知的挑战。

实际上，那些“鹪鹩”们都是令人钦佩的密码破译员，她们在1944年至1945年操作着“巨像”。她们变得精通于此：编排机器设置，以及一边播放，一边调整磁带。不仅如此，她们还让自己从本质上成了最早的计算机程序员之一。

在当时，这是一个相对而言不受束缚的机构（除了工资问题以外——无论能力大小，妇女的工资往往都很低）。

“鹪鹩”们是头脑精明之人，而与她们一起共事的是邮政部（Post Office）年轻的技术员，以及懒散的密码破译者。他们让妇女们应用计算机技术来完成繁重的工作，并对此心安理得。

不同于“炸弹机”的操作员，“巨像”的操作员经常会听到有人跟自己讲，她们所从事的工作对这场战争影响巨大。之前当局之所以有所隐瞒，是因为他们要严格保密，让“鹪鹩”们无从知晓密码的去向以及夜班工作的意义。

随着战火的蔓延，“巨像”每月的简报仍然不会有太多细节内容。不过它可以起到两个作用：一是鼓舞士气；二是激发人们的好奇心，让他们对这些女性所处理的材料感兴趣。

偶尔，这种青春的气息也会给年长的密码破译者带来压力。1944年临近圣诞节的一个晚上，在布莱切利庄园的走廊里，几位邮政部的工程师正在闲聊。

一名“鹪鹩”走了过来。就在此时，一位年轻男士竟从口袋里掏出了一小枝槲寄生[①]，随即还噘起了嘴唇。那位“鹪鹩”看到后，立刻尖叫着跑开了。而就在这时，一间办公室的门打开了，露出了马克斯·纽曼教授那张无比愤怒的脸。要知道，他刚刚正试图把全部注意力集中在一个特别深奥的问题上。

① 在有关圣诞的传说中，站在槲寄生下的人不能拒绝对方的亲吻。

不过，从总体上说，性骚扰似乎还是比较少见的。换句话说，普遍的情况还都是两情相悦。尽管“鹪鹩”们的工作异常繁重，但她们还是设法挤出时间享受工作之余的消遣活动，而促成这一切的最好途径就是跳舞。

一些“鹪鹩”被安排住在附近的一所豪华住宅里。这座宅邸名叫克劳利庄园（Crawley Grange），其历史可以追溯到15世纪。除了历史悠久外（它曾为托马斯·沃尔西所有），它还设有一个舞厅。住在那里的“鹪鹩”们都认为，如果不把舞厅好好利用起来，那简直就是在犯罪。她们举办的舞会非常受密码破译者的欢迎。

还有一个因素把“鹪鹩”们和思维最抽象的研究员归为了一类，那就是他们都热衷桥牌游戏。抛开其他事情不谈，单就这种四人纸牌游戏（两人一组，两两对抗）而言，在严重消磨人的意志方面，它可谓具有核武器级别的杀伤力，这个游戏也因此而名声不佳。在很大程度上，它还是一场智慧的较量。住在宏伟的沃本修道院周边的“鹪鹩”们十分享受它带来的乐趣。像罗尔夫·诺斯奎斯（Rolf Noskwith）和阿萨·布里格斯（Asa Briggs）等密码破译者玩桥牌的时候，竞争氛围也异常激烈。

与本章节内容有关的谜题反映的不是深奥的智力问题，而是喧闹而生动的智慧，这也是布莱切利庄园的招聘人员希望在“鸊鷉”们身上看到的。这里有一些需要速记单词和数字的游戏，你要力求尽快完成它们。它们并不是用来衡量你的智力，而是用来评估你应对压力时反应的准确性。

尾注

第一章 莫尔斯电码大师

“我们每天都在嘀嗒嘀嗒地发送电报”：安妮·格林-琼斯，《X电台的莫尔斯电码“鸲鹟”们：布莱切利庄园的圈外人》，2017年。

第二章 “恩尼格玛”连接

“蠢货永远都是蠢货”：基思·巴特伊，作者访谈，2009年。

第三章 全都加起来

“迷人的年轻女士在四处走动”：奥利弗·劳恩，作者访谈，2009年2月。

第五章 世界上最著名的填字游戏

“我收到了一封标有‘机密’字样的信”：汤姆·奇弗斯，《你能在布莱切利庄园当一名密码破译者吗？》，《每日电讯报》，2014年10月10日。

“我收到了来自通信情报处的信息”：美国国家安全局在线档案，弗吉尼亚。

“一位布莱切利庄园的密码破译者追忆起他在庄园的时光”：基思·巴特伊，作者访谈，2009年3月。

“它们无疑更加多种多样”：菲尔·麦克尼尔，《你能解出〈电讯报〉诺曼底登陆日那天的填字游戏吗？》，《每日电讯报》，2014年5月2日。

第六章 棋盘战争

“我的经验是……在国际象棋中很难输得优雅体面”：科奈尔·休·奥多内尔·亚历山大，《亚历山大论国际象棋》，1974年。

“丹尼斯顿明白，国际象棋选手往往会成为优秀的密码学家”：乔治·阿特金森，《国际象棋与机器直觉》，1993年。

第七章 来自木乃伊陵墓的密码

“在1940年4月，也就是‘假战争’差不多快要结束的时候”：F.H. 亨斯利爵士（编辑），《密码破译者：布莱切利庄园内情》，1992年。

“从1912年到1919年……伏尼契试图引起欧洲和美国的学者对于破解这份手稿的兴趣”：美国国家安全局在线档案，弗吉尼亚。

“这本书是我的一位亲密挚友遗赠给我的”：埃蒙・黛菲，《隐秘的知识，或是一个骗局？》，《纽约书评》，2011年4月20日。

“一旦时机成熟……我将向世界证明”：同上。

“美国的密码学界”：美国国家安全局在线档案，弗吉尼亚。

“我的分析是……语言根本就不会以这种方式运作”：同上。

“据我所知”：同上。

第八章 音乐和大音乐家

“我曾在室内音乐组演奏过”：http://www.discovermiltonke

ynes.co.uk/uploads/1/0/3/9/10393340/15g. pdf。

“他是一个害羞的家伙”：乔斯·皮尔逊，《尼尔·韦伯斯特的胜利“小纸条”：布莱切利庄园密室不为人知的故事》，2011年。

第十章 穿过镜子的密码破译者

“宁静，宁静，哦，为了寻找一丝宁静……在烧水锅炉上磕烟斗！”：梅维斯·巴提，《迪利：打破谜团的男人》，2017年。

“最近，在避开了现代精神分析理论……”：梅兰妮·贝莉，《爱丽丝代数奇遇记：奇境之解》，《新科学家》，2009年12月16日。

第十一章 聪明者的游戏

“21%的人拥有更高的学历”：克里斯托弗·格雷，《译码组织：布莱切利庄园、密码破译和组织研究》，2012年。

参考书目

◎ 科奈尔·休·奥多内尔·亚历山大，《亚历山大论国际象棋》（皮特曼出版集团，1974）

◎ 乔治·阿特金森，《国际象棋与机器直觉》（芝加哥大学出版社，1993）

◎ 亨利·欧内斯特·杜登尼，《数学中的娱乐》（托马斯·纳尔逊父子有限公司，1917）

◎ 安妮·格林-琼斯，《X电台的莫尔斯电码“鸕鹈”们：布莱切利庄园的圈外人》（安芙兰出版社，2017）

◎ 克里斯托弗·格雷，《译码组织：布莱切利庄园、密码破译和组织研究》（剑桥大学出版社，2012）

◎ F.H.亨斯利爵士（编辑），《密码破译者：布莱切利庄园内情》（牛津大学出版社，1992）

◎ 乔斯·皮尔逊，《尼尔·韦伯斯特的胜利“小纸条”：布莱切利庄园密室不为人知的故事》（波尔佩罗出版社，2011）

◎ 爱德华·韦克林，《重新发现路易斯·卡罗尔的难题》（多佛出版社，1995）

结语

通过这本书中所包含的谜题，我们希望你能够开始理解这些范围广泛的思维和方法，它们曾经在布莱切利庄园得到了充分利用。

他们或是在诺曼底登陆日（发生在1944年6月波澜壮阔的一幕）期间以恐怖的效率工作，持续不断地把布莱切利庄园解密的东西反馈给丘吉尔，让他能够知道德国人会如何做出反应。或者，他们会采取更长期的方式，也就是去设计破解“恩尼格玛”的方法。无论如何，布莱切利庄园的每个人在工作中不仅要精神饱满，还要高度警觉。

毫不夸张地说，是布莱切利庄园卓越的老兵们，以及他们那惊人的解谜能力，在那些黑暗的岁月里塑造了欧洲的命运。如今，令人感到震惊的是，在这种难以想象的压力之下，密码破译者应对了每一个新的日子和每一个新的密码，就好像它们是《泰晤士报》的填字游戏，或是令人愉快的棘手难题一样。对谜题的热爱也就是一种不能被设计谜题之人所超越的决心，这种决心让人颇觉有趣。这种热爱不仅让这些年轻人维持了他们一贯的热切和渴求，以便去攻破纳粹的密码，而且在某种程度上，这么做也有助于保护他们的理智。

复原后的布莱切利庄园博物馆（Bletchley Park Museum）精确地还原了历史上的那些小屋和场所。如今它之所以如此受欢迎，其中一个原因就是它的核心理念吸引了参观者。这个理念就是被招募到这个非同寻常的智力温室的人，他们和这些参观者一样，不过是在内心深处沉迷解谜罢了。

致谢

首先，我要衷心地感谢布莱切利庄园的萨拉·阿曼德（Sarah Armand）、杰玛·布里格斯（Gemma Briggs）和伊恩·斯坦登（Iain Standen）。修复密码破译中心的工作，还有那些为世界创造奇迹的“小屋”都在继续吸引着成千上万的游客。想了解有关布莱切利庄园、它的众多景点以及开放时间等信息，请访问www.bletchleypark.org.uk。

我更要由衷地感谢天才的罗伊和苏·普雷斯顿（Roy and Sue Preston），他们以非常优秀的风格、才华和独创性设计出了那些烧脑的谜题和难题。我还非常感谢拉蒂亚·哈弗莎（Radiya Hafiza），以及有着如鹰般锐利目光的文字编辑林赛·戴维斯（Lindsay Davies），特别是格蕾丝·保罗（Grace Paul），正是由于他们以如此出众的效率，谨慎和冷静地做了大量工作，才使本书得以付梓。我还非常感谢菲比·斯温伯恩（Phoebe Swinburn），是他让全世界都知道了这本书。同时非常感谢萨拉·埃姆斯利（Sarah Emsley），这本书最开始就是她的主意！